叢書　英語音声学シリーズ　第6巻

現代音声学・音韻論の視点

西原哲雄　三浦　弘　都築正喜　編集

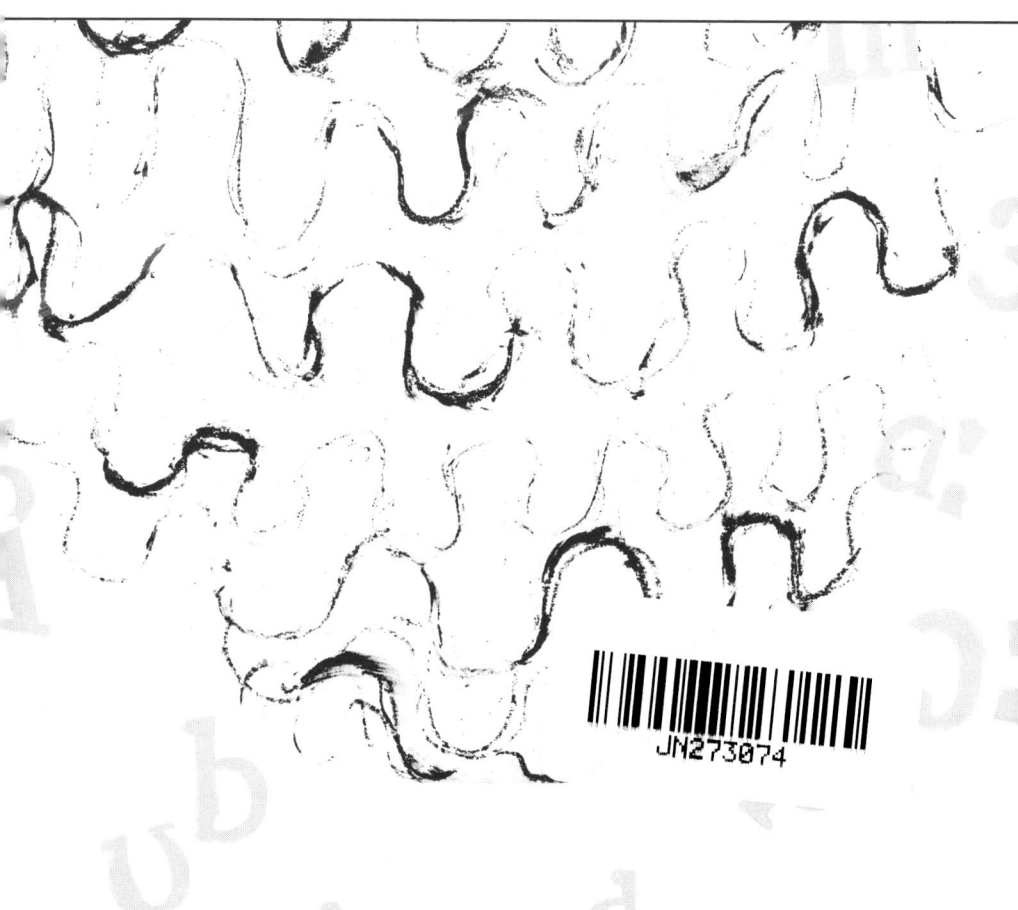

金星堂

まえがき

　本書は、英文学科、英米語学科、英語教育学科の専門学生やその他の学部・学科において英語音声学や音韻論（音声学や英語学関連の科目を含む）を専門科目や一般教養科目として履修する学生諸君を対象として書かれた英語音声学・音韻論の入門書兼概説書である。
　半期での使用を可能なものと想定しているので、各章の項目のページ数は最小限にとどめられてはいるが、その内容は、英語音声学や音韻論の基本的な概念や用語をわかりやすく説明すると同時に、できるだけ英語音声学や音韻論の周辺分野についての最新の研究成果も盛り込むことを目指したものとなっている。したがって、本書の前半は、英語音声学や音韻論の基本的及び応用的な内容であるが、後半は主にそれらの周辺分野についての紹介・解説がなされている。

　基本的には、第 1 章から読み始めていただくのが好ましいと思われるが、必ずしも最初の章から読み進める必要はなく、興味のある章から、読み始めていただいても、十分にその内容を理解することはできるものである。

　本書を通して、我々が普段使用している人間の言語音（英語の音声）の不思議さやその面白さ、そして、英語音声学・音韻論が隣接学問分野といろいろなところで関わっていることも、ぜひ読者のみなさんに知ってしていただけることを、筆者たちは切に願うものである。
　最後に、本書の作成の際、快諾をしてくださった金星堂の佐藤求太氏に心から感謝し、ここに記して、特に御礼申し上げたい。

2012 年 2 月末日

　　　　　　　　　　　　　　　編者　西原 哲雄・三浦　弘・都築 正喜

目 次

まえがき ……………………………………………………………… i

1. 分節音声学・音韻論

1.1. 言語音生成のメカニズムと音の分類 ……………………… 1
1.2. 英語の母音 ……………………………………………………… 16
1.3. 英語の子音 ……………………………………………………… 32

2. 超分節音声学・音韻論

2.1. リズム …………………………………………………………… 48
2.2. イントネーション …………………………………………… 63
2.3. プロソディ (prosody) ………………………………………… 85

3. 音声学・音韻論と変異理論

3.1. 音韻規則適用の分析：
使用頻度と発話の速度による再範疇化 ……………………… 102
3.2. 発音変異の音韻的要因 ……………………………………… 114
3.3. New Englishes
──シンガポール英語とインド英語の場合 ………………… 131

4. 音声学・音韻論とその他の分野

4.1. 脚韻を中心とした古音推定法 ……………………………… 152
4.2. 英語音声習得
──第二言語習得理論・コミュニケーション能力育成の観点から …… 168
4.3. 英語辞典の音声表記 ………………………………………… 190

執筆者一覧 …………………………………………………………… 208

1. 分節音声学・音韻論

1.1. 言語音生成のメカニズムと音の分類

1.1.1. 音声器官

音声活動に関わる器官は「音声器官」と呼ばれる。音声器官の働きは (1) 肺による呼気流の発出、(2) 声帯の働きによる発声、(3) おもに口腔と鼻腔における音の調節（調音）の三つの部分から成り立っている。

1.1.1.1. 呼気流の発出

音声活動は一部の例外を除き、肺から送り出される呼気のエネルギーによっている。ふつうに呼吸をする場合は呼気（吐き出す息）と吸気（吸い込む息）のための時間はほぼ等しいが、音声活動においては呼気にかける時間の方が吸気にかける時間よりも長くなるようにできている。発話の途中で息が切れ吸気をせざるを得なくなるが、吸気による息の補給は瞬時に行われ、それに続く呼気の時間を引長かせて音声活動が継続される。音声連続が一瞬の吸気によって途切れることにより、一連の発話がいくつかの気息群 (breath group) あるいはイントネーション句 (intonational phrase) に分割される。

1.1.1.2. 発声のメカニズム

肺からの呼気は気管 (trachea) の上部にある喉頭 (larynx) でさまざまな変化を受ける。その変化は喉頭にある声帯 (vocal fold) の働きによって引き起こされる。喉頭の空間は輪状軟骨と甲状軟骨で作られており、その中に声帯がある。声帯は水平に前後に張られた左右一対のひだ状組織である。声帯の前端は甲状軟骨に付着し、後端は輪状軟骨の後部上端に接している左右一対の披裂軟骨に付着している。輪状軟骨と甲状軟骨は輪状甲状筋でつながれており、それが収縮することで声帯に緊張が生じる。披裂軟骨は回転することで声帯を離したりくっつけたりする働きをする。

まず、声帯が固く閉ざされた状態では呼気が声帯を通過することができず、声門閉鎖 (glottal stop) が生じる（図 a）。英語の発音ではこれが比較的よく生じる。つぎに、ふつうに呼吸をする時や、[s]、[p] などの無声子音を発音する時は声帯が大きく開いている。左右の声帯のすき間は声門 (glottis) と呼ばれる（図 b）。母音や有声子音を発音する場合には声帯が軽く閉じた状態になる（図 c）。肺からの呼気がこの状態の声帯に当たると声帯が開いたり閉じたりする運動を繰り返す。これにより声 (voice) が生じる。声帯が1秒間に開閉する回数は「振動数」あるいは「周波数」と呼ばれ、これは声の高さに関係している。

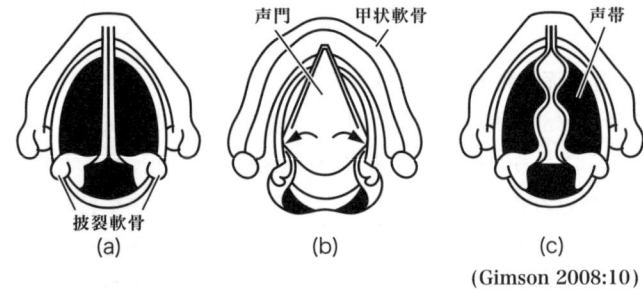

(Gimson 2008:10)

1.1.1.3. 調音器官

　喉頭の上には咽頭 (pharynx) があり、そこから口腔 (oral cavity)、鼻腔 (nasal cavity) へとつながっている。咽頭は口腔および鼻腔とともに共鳴室の働きをする。また、これらの空間において言語音にさまざまな音色が加えられる。喉頭より上の咽頭・口腔・鼻腔からなる空間は声道 (vocal tract) と呼ばれる。

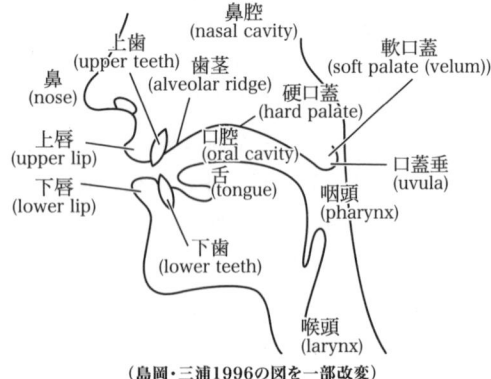

（島岡・三浦1996の図を一部改変）

口腔は上顎と下顎に囲まれ、唇から舌のつけ根に至るまでの空間であり、呼気流に対して多様な調節が行われる場所である。上顎は動かすことができないが、下顎を上下させることで口を大きく開けたり閉じたりすることができる。下顎に付いている舌が上下や前後に動くことで共鳴室としての口腔内の空間をさまざまな形に変えることができる。そのような働きを調音 (articulation) といい、それに関与する音声器官を調音器官 (articulator) という。

口腔の先端には唇 (lip) があり、上唇 (upper lip) と下唇 (lower lip) からなる。子音の調音に際しては、上下の唇を閉じて呼気が外気へと逃れるのを妨げたり、両唇の間の狭いすき間から呼気を外へ逃したりする。母音の調音にとっても唇は重要な働きをする。唇を横に引き伸ばしたり、丸めたり、つぼめて突き出したりすることで母音の音色に変化が生じる。

唇のすぐ後ろには上歯 (upper teeth) と下歯 (lower teeth) がある。調音にとって重要なのは上前歯である。上前歯の裏面に舌先を接触させたり、上前歯と下唇とが接触することで子音の調音が行われる。

歯の後ろには歯茎 (alveolar ridge) がある。上歯茎が調音にとって重要である。上歯茎と舌先とが接触したり狭いすき間を残して接近することによりさまざまな種類の子音が調音される。

口の天井に当たる部分を口蓋 (palate) という。前半部は骨が粘膜で覆われていて硬いので硬口蓋 (hard palate) と呼ばれる。後半部は骨がなく筋肉でできていて軟らかいので軟口蓋 (soft palate) と呼ばれる。硬口蓋と舌の前半部分とが接触したり接近することで、子音だけでなく母音の調音も行われる。また、軟口蓋と舌の後半部分とが接触したり接近することで生じる子音や母音がある。軟口蓋の先端の垂れ下がった部分を口蓋垂 (uvula) という。口蓋垂が咽頭壁に接触することで鼻腔への通路がふさがり、解除により鼻腔への通路が開くというように、呼気流の方向を決定するバルブの働きをする。口蓋垂で調音される音もある。

喉頭から口腔と鼻腔の入り口までの空間を咽頭 (pharynx) という。咽頭は共鳴室の働きをし、母音の調音に際してさまざまに形を変化させることで母音の音色の違いに寄与している。

声帯のすき間の声門が閉ざされると声門閉鎖音が生じる。また、開いた

状態の声門を呼気が通過すれば声門摩擦音が生じる。

　舌 (tongue) は調音器官の中で最もきめ細かく動かすことができるため、調音活動において果たす役割が大きい。舌が休止の状態にある時に硬口蓋に面する部分を前舌面 (front)、軟口蓋に面する部分を後舌面 (back) という。また、前舌面と後舌面の境目に当たる部分は中舌面 (center) という。前舌面より前に位置し上歯茎に面する部分を舌端 (blade) という。さらに、舌の先端にあるしなやかな部分を舌尖 (tip) という。

1.1.2.　母音と子音

1.1.2.1.　母音の分類

　まず母音の調音に際しては、肺からの呼気が声門を通過する時に、閉じられた声帯を振動させることにより喉頭原音 (larynx tone) が生じる。母音は呼気が口腔内において唇・歯・舌などの調音器官による閉鎖や狭めを何ら受けることなく口外へと流出することで生み出される音である。母音は子音とは異なり調音点を特定しにくいが、各母音の音色の違いは結局のところ、舌を上下前後させて口腔および咽頭からなる共鳴室の形状をさまざまに変化させることにより生み出される。音色の決め手となる基準が3つあり、それは (1) 舌のどの部分（前舌面、後舌面など）が持ち上げられるか、(2) 舌がどの高さまで持ち上げられるか、(3) 唇の形（円唇、非円唇など）である。これに基づいて母音四辺形 (vowel quadrilateral) なるものを想定することができ、基本母音 (cardinal vowels) が設定される。基本母音は特定言語の母音の位置を決定するものではなく、あくまで世界中の言語の母音の位置を確認するための基準となるものである。

　まず第一次基本母音 (primary cardinal vowels) と呼ばれる8つの母音が設定される。それぞれに番号が付けられる。No. 1 [i] では、舌を前方にずらして硬口蓋に向かってできるだけ高く持ち上げるようにする。これ以上持ち上げると気流に乱れが生じ摩擦音が生じてしまうという母音の範囲の限界を示す基準点である。この母音は、舌と口の天井とのすき間が狭いので狭母音 (close vowel) と呼ばれる。また、調音に際して前舌面が最も高くなるので前舌母音 (front vowel) と呼ばれる。唇は丸められない (unrounded)。

つぎに、最も高い部分が前舌面であり、しかも口ができるだけ開かれた状態では前舌母音の No. 4 [a] が生じる。唇は丸められない。この母音は、舌と口の天井とのすき間が最大であるので広母音 (open vowel) と呼ばれる。同じく広母音である No. 5 [ɑ] では、舌が下方および後方にずれて咽頭が狭められる。この母音は、舌がこれ以上後方にずれて咽頭が狭められると摩擦音が生じてしまうという母音の範囲の限界を示す基準点である。調音に際して後舌面が最も高くなるので後舌母音 (back vowel) と呼ばれる。唇は丸められない。

後舌面が軟口蓋に向かってできるだけ高く持ち上げられ、これ以上高く持ち上げれば摩擦音が生じるという程度に後方へ高く持ち上げられると後舌狭母音の No. 8 [u] が生じる。唇は丸められ (rounded) 突き出される。

No. 1 から No. 4 の母音に向かって前舌面を徐々に下げていくことにより No. 2 [e] と No. 3 [ɛ] が得られる。これらは No. 1 から No. 4 までの母音が聴覚印象的に等間隔に並ぶよう設定された前舌母音である。また、No. 5 から始まり後舌面を徐々に高く持ち上げることにより No. 6 [ɔ] と No. 7 [o] が得られる。これらもまた、聴覚印象的にみて等間隔に並ぶよう設置された後舌母音の基準点である。

第一次基本母音を構成する以上の 8 つの母音を図示すればつぎのようになる。

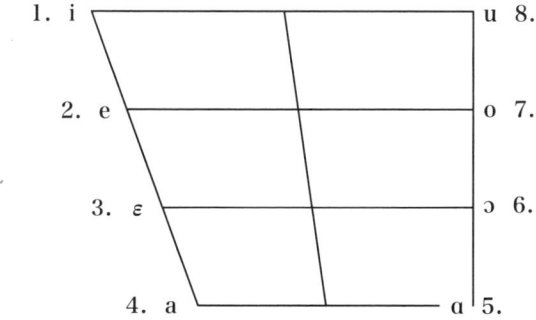

母音を開口度に応じて分類すれば、[i]-[u] は狭母音 (close vowel)、[e]-[o] は半狭母音 (close-mid vowel)、[ɛ]-[ɔ] は半広母音 (open-mid vowel)、[a]-[ɑ] は広母音 (open vowel) である。あるいは、舌の高さに基づいて母

音四辺形を上下に3等分すれば、上から順に高母音 (high vowel)、中母音 (mid vowel)、低母音 (low vowel) となる。

　唇の形に関して、後舌母音で舌が上昇するにつれて徐々に円唇化 (lip-rounding) が顕著になる。[ɑ] は円唇化が皆無であるが、[u] は著しい円唇母音 (rounded vowel) である。いっぽう、前舌母音の [i] から [a] までは非円唇母音 (unrounded vowel) である。[a] では唇の形は中立的 (neutral) であるが、舌が上昇するにつれて唇が左右に引かれて平たくなる。そのような唇の形は張唇 (spread) と呼ばれ、[i] で最も著しい。基本母音の図では、縦線や斜線の左側にある母音記号が非円唇母音を表し、右側の母音記号が円唇母音を表す。すなわち、No. 1 から No. 5 までの母音が非円唇母音であり、No. 6 から No. 8 に至る母音が円唇母音である。

　第一次基本母音に対応し、唇の形だけが異なる8つの母音がある。それらは第二次基本母音 (secondary cardinal vowels) と呼ばれる。第一次基本母音と第二次基本母音は以下に図示するように、ペアーを成している。

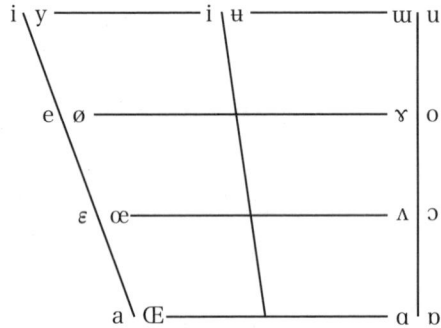

　第二次基本母音では、[y] のように、前舌母音でありながら円唇母音であるものがあり、反対に、[ɯ] は後舌母音であるにも拘わらず非円唇母音であるというように、舌の位置の前後関係と円唇性および非円唇性とが独立して機能している。上の図では、狭母音のうち [i] と [ɯ] が非円唇母音で、[y] と [u] が円唇母音である。

　第二次基本母音にも番号が付けられることがある。その場合、[y] を No. 9 として反時計回りに数え No. 16 の [ɯ] に至る。最後に No. 17 の [ɨ]

と No. 18 の [ʉ] がある。これらは中舌狭母音 (close central vowel) であり、No. 17 が張唇母音であるのに対し、No. 18 は円唇母音である。

国際音声学会 (IPA) が発行している国際音声記号の一覧表にはすべての子音と母音がまとめられている。その母音四辺形には半狭の中舌母音として [ɘ]（非円唇）と [ɵ]（円唇）が示され、半広の中舌母音として [ɜ]（非円唇）と [ɞ]（円唇）が示されている。また、半狭と半広の中間の位置には [ə] が示されている。これは曖昧母音 (schwa) と呼ばれ、英語では一般的な中舌母音である。また、[ɪ] と [ʏ] と [ʊ] はそれぞれ [i] と [y] と [u] が中舌母音化したものである。

1.1.2.2. 子音の分類

子音を分類するに際しての主な基準は (1) 声帯振動の有無（無声子音か有声子音か）、(2) 調音点（調音が主にどの調音器官で行われるか）、(3) 調音様式（閉鎖や狭めなど、声道の妨害の仕方）である。

調音点に関して、調音器官の一番外側にあるものから見ていくことにする。まず、両唇音 (bilabial) があげられる。[p, b, m] などの両唇音では両唇が主な調音器官になる。

つぎに唇歯音 (labiodental) がある。[f, v] などの唇歯音は上歯と下唇とで調音される。

歯音 (dental) には英語の [θ, ð] がある。舌先が上歯の裏に接触する。歯茎音 (alveolar) は舌先が歯茎に接触したり接近することにより調音される。英語の [t, d, l, n, s, z] は歯茎音である。

後部歯茎音 (post-alveolar) では、英語の [ɹ] におけるように、舌先と歯茎の後部との間で調音がなされる。

そり舌音 (retroflex) では舌が歯茎のすぐ後ろの硬口蓋に向かって持ち上げられ、舌先がめくれあがる。この音は [ɻ] で表され、アメリカ英語でよく聞かれる。

国際音声記号（1993年改訂，1996年更新）

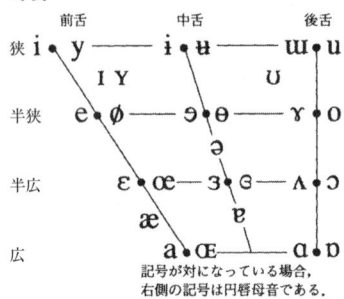

(竹林・神山 2003 の表を一部変更)

硬口蓋歯茎音 (palato-alveolar) は舌先と歯茎とで調音が行われる。同時に、前舌面が硬口蓋に向かって持ち上げられる。英語の [ʃ, ʒ, tʃ, dʒ] は硬口蓋歯茎音である。

硬口蓋音 (palatal) では前舌面と硬口蓋とで調音が行われる。英語の [j] は硬口蓋音である。

軟口蓋音 (velar) では後舌面と軟口蓋とで調音が行われる。英語の軟口蓋音には [k, g, ŋ] がある。

口蓋垂音 (uvular) では後舌面と口蓋垂とで調音が行われる。この音はフランス語で生じる音である。日本語の語末の「ん」も口蓋垂音である。

最後に、声門音 (glottal) がある。声門音では声門が閉鎖されたり、英語の [h] に見られるように、声門が狭められて摩擦音が生じる。

子音の調音様式については、声道の閉鎖や狭めの程度に応じて幾つかの種類に分類することができる。主なものは次の通りである。

まず閉鎖音 (stop) は、声道が完全に閉鎖されることにより生じる。閉鎖が行われる箇所より後ろにおいて呼気流の気圧が高まり、時には破裂音を伴って閉鎖が開放される。そのため、破裂音 (plosive) と呼ばれることがある。閉鎖音には [p, b, t, d, k, g, ʔ] があるが、最後の [ʔ] は声門閉鎖音であり、ロンドンの英語で聞かれることがある。

破擦音 (affricate) も声道が一時完全に閉鎖される点では閉鎖音と異ならないが、閉鎖の開放が閉鎖音に比べてゆっくりと行われるため、摩擦音が伴う。英語の [tʃ, dʒ] は破擦音である。

鼻音 (nasal) も声道が閉鎖される点では閉鎖音と同じであるが、調音に際して口蓋垂が下がるために呼気は鼻腔へと逃れる。鼻音は噪音を伴わず母音のような音色がある。[m, n, ŋ] は鼻音である。

ふるえ音 (trill) は調音器官が断続的に閉鎖を繰り返すことにより生じる。例えばスペイン語の [r] は、舌先を歯茎に対して数回打ち付けて調音される。

たたき音 (tap) は、英語の [ɾ] のように、舌先を歯茎に1回叩きつけることで生じる。

側音 (lateral) の [l] の調音に際しては、舌先が上歯茎に接触して呼気流

が妨げられる。しかしながら、接触箇所の両側あるいは片側から呼気が自由に逃れるため、音色は母音に似たものになる。この音は側面接近音 (lateral approximant) に分類される。

摩擦音 (fricative) では、調音器官による声道の狭めが原因となり摩擦音が生じる。摩擦音には [ɸ, β, f, v, θ, ð, s, z, ʃ, ʒ, ç, x, h] などがある。

接近音 (approximant) では、口腔内において狭めが生じるが、摩擦音が生じるほどにはならない。接近音は無摩擦継続音 (frictionless continuant) とも呼ばれ、母音に似た音である。

以上に示した母音および子音を含む音声記号は国際音声学会が作成した国際音声記号の一覧表にまとめられている。この一覧表には母音と子音の音声記号の他に、補助記号 (diacritics) や超分節要素 (suprasegmentals) や音調と語アクセント (tones and word accents) などの表記法も記されている。子音表では水平方向に調音点が表示され、垂直方向に調音様式が表示される。また、子音表の同一枠内に記号が2つ並んでいる場合は、左側が無声子音を表し右側が有声子音を表す。

1.1.3. 二値的素性分析

音声特徴を分かりやすく示すために、それぞれの素性 (feature) の有無を二値的 (binary) に表すことが行われる。ある音声特徴が存在する場合は「プラス (＋)」で示し、存在しない場合は「マイナス (－)」で示す。たとえば、子音の調音に際して声帯の振動が伴えば［＋有声音性］、伴わなければ［－有声音性］として示す。このような特徴は音の区別に役立つので「示差的特徴 (distinctive feature)」と呼ばれる。母音と子音を分類する素性には「主要音類素性 (major class features)」、「子音素性 (consonant features)」、「調音位置素性 (place features)」、「調音法素性 (manner features)」、「母音素性 (vocalic features)」がある。

まず、主要音類素性に属する［＋／－子音性］（阻害音・流音・鼻音などの真正な子音を母音・わたり音と区別する）、［＋／－音節性］（母音と他の音を区別する）、［＋／－鳴音性］（母音・わたり音・流音・鼻音を閉鎖音・摩擦音・破擦音と区別する）を用いれば、英語の子音と母音を含む分節音

を次のような主要音類にまとめることができる。

阻害音	鼻音	流音	音節主音的鼻音・流音	わたり音	母音
＋子音性	＋子音性	＋子音性	＋子音性	－子音性	－子音性
－音節性	－音節性	－音節性	＋音節性	－音節性	＋音節性
－鳴音性	＋鳴音性	＋鳴音性	＋鳴音性	＋鳴音性	＋鳴音性

上の表は鼻音と流音の素性が同じであるので、鳴音性子音としてまとめると以下のようになる。

阻害音	鳴音性子音	音節主音的鼻音・流音	わたり音	母音
＋子音性	＋子音性	＋子音性	－子音性	－子音性
－音節性	－音節性	＋音節性	－音節性	＋音節性
－鳴音性	＋鳴音性	＋鳴音性	＋鳴音性	＋鳴音性

　主要音類素性による分節音の分類を細かくするためには、さらに幾つかの素性が必要である。その一つが子音の有声と無声を区別する［＋／－有声音性］であり、その他に調音位置素性と調音法素性がある。
　腔素性 (cavity features) とも呼ばれる調音位置素性には［＋／－前方性］（唇音・歯音・歯茎音などのように、口腔の前部で調音される音とそれ以外の音を区別する）、「＋／－舌頂性」（調音に際して舌端が中立的位置よりも高く持ち上げられる音と舌端が中立的位置のままである音を区別する）がある。これらの素性を組み合わせれば次のような子音の分類が可能である。

　　［＋前方性、－舌頂性］　　p, b, f, v, m
　　［＋前方性、＋舌頂性］　　t, d, θ, ð, s, z, n, l
　　［－前方性、＋舌頂性］　　ʃ, ʒ, tʃ, dʒ, ɹ
　　［－前方性、－舌頂性］　　k, g, h, ŋ, j, w

　これを調音点に関して声道の先端から奥へと並べると以下のようになる。

	[＋前方性]		[－前方性]	
p, b	t, d	tʃ, dʒ	k, g
f, v	θ, ð, s, z	ʃ, ʒ	h
m	n		ŋ
	l	ɹ	j, w
[－舌頂性]	[＋舌頂性]		[－舌頂性]

さらに、主要音類素性から［＋／－鳴音性］を加えて分類すると次のようになる。

	[＋前方性]		[－前方性]		
p, b	t, d	tʃ, dʒ	k, g	[－鳴音性]
f, v	θ, ð, s, z	ʃ, ʒ	h	
m	n		ŋ	[＋鳴音性]
	l	ɹ	j, w	
[－舌頂性]	[＋舌頂性]		[－舌頂性]	

つぎに、調音法素性には［＋／－継続音性］（閉鎖音とそれ以外の音を区別する）、［＋／－鼻音性］（鼻音とそれ以外の音を区別する）、［＋／－粗擦性］（調音に際して気流の乱れにより噪音が生じる音とそれ以外の音を区別する）、［＋／－側音性］（[l]を他の音から区別する）、［＋／－遅延的解放性］（破擦音を他の非継続的な音と区別する）がある。このうち、［＋／－継続音性］を用いれば、閉鎖音（鼻閉鎖音・破擦音を含む）を他の音と区別することができる。それにより、上の表は以下のようになる（下の表はGiegerich (1992: 117) を一部改変したものである）。

	[＋前方性]		[－前方性]		
[－継続音性]	p, b	t, d	tʃ, dʒ	k, g	[－鳴音性]
[＋継続音性]	f, v	θ, ð, s, z	ʃ, ʒ	h	
		l	ɹ	j, w	[＋鳴音性]
[－継続音性]	m	n		ŋ	
	[－舌頂性]	[＋舌頂性]		[－舌頂性]	

1.1. 言語音生成のメカニズムと音の分類

上の表において、例えば [p, b] のように、同一枠内にある子音は左側が［－有声音性］を、右側が［＋有声音性］を有することで区別される。つぎに、同一枠内にある [θ, ð] と [s, z] は［＋継続音性、－鳴音性、＋前方性、＋舌頂性］の素性が共通している。しかしながら、前者は［－粗擦性］の音であり後者は［＋粗擦性］の音である点が異なり、それにより両者は区別される。つぎに、[j, w] はいずれも［＋継続音性、＋鳴音性、－前方性、－舌頂性］の音であるが、後に扱うことになる［＋/－後舌性］および［＋/－円唇性］の素性により区別することができる。すなわち、[j] が［－円唇性、－後舌性］であるのに対し、[w] は［＋円唇性、＋後舌性］である。

母音素性は主に母音を区別する場合に必要な素性であるが、一部は子音の区別にも役立つ。母音素性には［＋/－高舌性］（高舌音を他と区別する）、［＋/－低舌性］（低舌音を他と区別する）、［＋/－後舌性］（後舌音を他と区別する）、［＋/－前舌性］（前舌音を後舌音と区別する）、［＋/－円唇性］（円唇音を非円唇音と区別する）、［＋/－緊張性］（長母音を短母音と区別する）がある。

以上に列挙した素性を組み合わせることにより、以下のような子音と母音の二値的弁別素性のマトリックスを作成することができる。

	p	b	f	v	t	d	θ	ð	s	z	tʃ	dʒ	ʃ	ʒ	k	g	h	m	n	ŋ	l	ɹ	j	w
[子音性]	+	+	+	+	+	+	+	+	+	+	+	+	+	+	+	+	-	+	+	+	+	+	-	-
[音節性]	-	-	-	-	-	-	-	-	-	-	-	-	-	-	-	-	-	-/+	-/+	-/+	-/+	-/+	-	-
[鳴音性]	-	-	-	-	-	-	-	-	-	-	-	-	-	-	-	-	-	+	+	+	+	+	+	+
[前方性]	+	+	+	+	+	+	+	+	+	+	-	-	-	-	-	-	-	+	+	-	+	-	-	-
[舌頂性]	-	-	-	-	+	+	+	+	+	+	+	+	+	+	-	-	-	-	+	-	+	+	-	-
[継続音性]	-	-	+	+	-	-	+	+	+	+	-	-	+	+	-	-	+	-	-	-	+	+	+	+
[鼻音性]	-	-	-	-	-	-	-	-	-	-	-	-	-	-	-	-	-	+	+	+	-	-	-	-
[粗擦性]	-	-	+	+	-	-	-	-	+	+	+	+	+	+	-	-	-	-	-	-	-	-	-	-
[側音性]	-	-	-	-	-	-	-	-	-	-	-	-	-	-	-	-	-	-	-	-	+	-	-	-
[遅延的開放性]	-	-	-	-	-	-	-	-	-	-	+	+	-	-	-	-	-	-	-	-	-	-	-	-
[高舌性]	-	-	-	-	-	-	-	-	-	-	+	+	+	+	+	+	-	-	-	+	-	-	+	+
[低舌性]	-	-	-	-	-	-	-	-	-	-	-	-	-	-	-	-	+	-	-	-	-	-	-	-
[後舌性]	-	-	-	-	-	-	-	-	-	-	-	-	-	-	+	+	-	-	-	+	-	-	-	+
[円唇性]	-	-	-	-	-	-	-	-	-	-	-	-	-	-	-	-	-	-	-	-	-	-	-	+
[有声音性]	-	+	-	+	-	+	-	+	-	+	-	+	-	+	-	+	-	+	+	+	+	+	+	+

〔英語の子音の素性マトリックス〕

	iː	ɪ	uː	ʊ	ɛ	ɜː	ə	æ	ʌ	ɔː	ɒ	ɑː
[高舌性]	+	+	+	+	−	−	−	−	−	−	−	−
[低舌性]	−	−	−	−	−	−	−	+	+	+	+	+
[前舌性]	+	+	−	−	+	−	−	+	−	−	−	−
[後舌性]	−	−	+	+	−	−	−	−	−	+	+	+
[円唇性]	−	−	+	+	−	−	−	−	−	+	+	−
[緊張性]	+	−	+	−	−	+	−	−	−	+	−	+

〔英語の母音の素性マトリックス〕

英語の母音の素性マトリックスに基づいて母音を分類すれば以下のようになるであろう。

		[+前舌性 −後舌性]	[−前舌性 −後舌性]	[−前舌性 +後舌性]
[+高舌性 −低舌性]	[+緊張性]	iː		uː
	[−緊張性]	ɪ		ʊ
[−高舌性 −低舌性]	[+緊張性]		ɜː	
	[−緊張性]	ɛ	ə	
[−高舌性 +低舌性]	[+緊張性]			ɔː ɑː
	[−緊張性]	æ	ʌ	ɒ

なお、上の表で同一枠内にある [ɔː] と [ɑː] はどちらも [−高舌性、+低舌性、−前舌性、+後舌性、+緊張性] であるが、両者は [+/−円唇性] の素性で区別することができる。すなわち、前者が [+円唇性] で後者が [−円唇性] である。

参考文献

Burton-Roberts, Noel, P. Carr, and G. Docherty (eds.) (2000) *Phonological Knowledge: Conceptual and Empirical Issues.* Oxford: Oxford University Press.
Chomsky, Noam and M. Halle. (1968) *The Sound Pattern of English.* Cambridge, Massachusetts: The MIT Press.
Crystal, David. (1997[4]) *A Dictionary of Linguistics and Phonetics.* Oxford: Blackwell Publishers.
Davenport, Mike and S. J. Hannahs. (1998) *Introducing Phonetics and Phonology.* London: Arnold.
Denes, Peter B. and E. N. Pinson. (1963) *The Speech Chain.* Bell Telephone Laboratories, Inc. 切替一郎・藤村靖（監訳）神山五郎・戸塚元吉（共訳）(1966)『話しことばの科学――その物理学と生物学』東京：東京大学出版会.
Giegerich, Heinz J. (1992) *English Phonology.* Cambridge: Cambridge University Press.
Gimson, A. C. (Revised by Alan Cruttenden) (2008[7]) *Gimson's Pronunciation of English.* London: Hodder Education.
服部四郎 (1984)『音声学』東京：岩波書店.
International Phonetic Association (ed.) (1999) *Handbook of the International Phonetic Association: A Guide to the Use of the International Phonetic Alphabet.* Cambridge: Cambridge University Press. 竹林滋・神山孝夫（訳）(2003)『国際音声記号ガイドブック』東京：大修館書店.
Ladefoged, Peter. (2006[5]) *A Course in Phonetics.* Boston, MA: Thomson Wadsworth.
Laver, John. (1994) *Principles of phonetics.* Cambridge: Cambridge University Press.
日本音聲學會（編）(1976)『音聲學大辞典』東京：三修社.
Roach, Peter. (1991[2]) *English Phonetics and Phonology: A practical course.* Cambridge: Cambridge University Press. 島岡丘・三浦弘（訳）(1996)『英語音声学・音韻論』東京：大修館書店.
Schane, S. A. (1973) *Generative Phonology.* New Jersey: Prentice-Hall, Inc. 桑原輝男・根間弘海（訳）(1980)『生成音韻論』東京：研究社.
竹林滋 (1996)『英語音声学』東京：研究社.
Wells, J. C. (2008[3]) *Longman Pronunciation Dictionary.* Harlow, Essex: Pearson Education.

（南　比佐夫）

1.2. 英語の母音

　現代英語には非常に多くの発音上の変種（方言、accent）がある。英語の方言には地域的なものと社会階級的なものが無数に存在するが、母音の音素体系は方言ごとに異なっている。しかし、英語圏の国々の公共放送で使用されている英語や英語教材の音声モデルとして使われている英語は、その国の標準発音とみなされる傾向があり、そのような規範的な意味合いをもった標準発音というものは、どの国のものも比較的似ている。

　本節ではイギリスとアメリカの標準発音をモデルとして取り上げて、現代英語の母音について概説する。イギリスの標準発音を主たるモデルとして説明し、随時アメリカの標準発音と比較する。イギリスとアメリカの発音に発達上の変化が生じ始めてから約250年が経過するが、概して言えば、イギリスの発音の方が革新的であり、アメリカの発音は保守的である。また、英語教育のモデルとしては、中南米諸国、太平洋戦争後の日本やフィリピンに加えて、1980年代以降の韓国等、近年ではアメリカ英語も広まりつつあるが、ユーラシアとアフリカの国々では、つまり世界中で一層多くの英語学習者が、イギリス英語を学んでいるからである。

1.2.1. イギリスとアメリカの標準発音

　前世紀に出版された書籍では、イギリスの標準発音として「容認発音」(Received Pronunciation, RP) という用語が多用されていた。RPはジョーンズがJones (1917) で「パブリックスクール発音」(Public School Pronunciation, PSP) として定義したイングランドの社会階級方言をJones (1926) で改名したものである。その翌年に英国放送協会(BBC) が設立され、イギリスでラジオ放送が始まると、RPがBBCの標準発音として使用されるようになった。その後、RP母音の変化は顕著となり、Jones and Gimson (1977) のギムスンによる序文 (editor's preface) には、RP話者の定義は20世紀末には不適切になるだろうという趣旨の記述が見られる。実際に1970年代以降のイギリスの辞書や発音辞典の発音記号は徐々に変更され

てきた。相対的に見れば、母音の調音点が下がって、開口度がより広い母音になる傾向があるので、以前の RP 母音の特徴を開口度の狭さと見ることも出来るが、個々の母音変化はそれほど単純ではない。

前世紀末から RP を「BBC 発音」(BBC Pronunciation) と言い換える記述を目にするようになった。BBC 開設当初から現在まで、RP の発音は変化しても、それが BBC 発音であることには変わりがないので、正確な表現であると思うが、それでは昔の BBC 発音と今のそれとの区別が付かない。20 世紀の RP と現在の BBC 発音とは大きく変化している。

変化した RP であり、現在世界中の英語学習者が学んでいる今の BBC 発音を指す用語として、近年の音声学関係の文献には、General British (GB)、Standard Southern British English (SSBE)、Non-Regional Pronunciation (NRP) 等々さまざまな工夫が見られる。そういう新しい用語の中から Ashby (2011) が用いている「現代容認発音」(Modern Received Pronunciation, MRP) を本節では採用したい。経年変化したのが同一の方言であることと、昔の RP と現代の RP (MRP) とが異なる音韻体系をもっていることが端的に表わされるからである。

アメリカの標準発音は「一般アメリカ英語」(General American, GA) と呼ばれるアメリカ中西部の広域地域方言である。GA は地理的な方言ではあるが、一般には教養あるアメリカ人が話す英語としてみなされている。また、放送局のアナウンサーが用いることから「放送網英語」(Network English) と呼ばれることもある。

GA は中西部という北米大陸の東西にわたる広大な地域にありながら、発音上の特徴がほぼ共通しているために 1 つの方言として分類されている。しかし、実際には地域や話者によって一部の母音音素の対立が 2 通りに異なっているので、2 つの類似した方言の集合体と考えられる（ここでは近年の「北部都市母音推移」などは考慮しない）。もちろんどの方言にも同じ語の発音が話者によって 2 通り以上区別されるということはあるが、GA の場合、一部の母音音素とその対立する語彙のグループが異なっているのである。

2 つの地域を大雑把に分ければ、地図上でペンシルベニア州南西部のピッツバーグから、オレゴン州とカリフォルニア州の州境を直線で水平に結

んだ中西部内の北側と南側である。北側（アメリカ北部）では、*thought* の母音は /ɔː/ と、MRP とほぼ同様（MRP よりも開口度がやや広い）の発音である。南側ではその母音は /ɑː/ となる。GA では *lot* の母音（MRP では短母音）はどちらの地域も *palm* の母音と同じ /ɑː/ となる（GA では長母音）ので、南側では thought の母音と lot の母音が同一となる。南側で、/ɔː/ が用いられるのは、R 音が後続する *north* や *war* のような語に限られる。さらに、該当する語は少ないが、*cross* や *gone* 等については、南側で /ɑː/ とするのに対して、北側では過半数以上の話者が /ɔː/ を使い、残りの話者が /ɑː/ としている。

　GA の母音に影響を与える調音上の特徴について、デフォールトな「調音器官設定」(articulatory setting, voice quality setting) に触れておきたい。それは母音だけに影響を及ぼすものではないが、その言語や方言に顕著な特徴をもたらす母語話者による調音器官の習慣的な使い方である。日本人英語学習者が /w/ の発音やリスニングに苦労するのも日本語の調音器官設定の1つに「非円唇」(lip-spreading) が挙げられるからである。GA の場合、「R 音化」(rhoticity) という調音器官設定があるために、R 音を伴った母音が音素として数えられる。子音の「盛り上がり舌の R」(bunched R) も、母音のみならず子音までも R 音化するための手段なのである。多くの GA 話者に見られる顕著な調音器官設定として「半連続的な鼻音化」(semi-continuous nasalization) がある。GA のみならずリバプール方言の「スカウス」(Scouse) も同様である。CNN のアナウンサーはしばしば鼻にかかった声でニュースを読んでいる。軟口蓋が幾分下がって、母音はほとんど鼻音化されてしまう。これは GA の重要な特徴であるが、個人差もあるので、本稿では GA の母音を鼻母音としては扱わないことにする。

1.2.2. 母音の分類法

　1.1. 末で見たように、前世紀後半の生成音韻論では、持続時間の長い母音（長母音、long vowel）を緊張性のある緊張母音 (tense vowel)、持続時間の短い母音（短母音、short vowel）を弛緩母音 (lax vowel) と呼んだ。この分類法は伝統的な研究に基づいているのであるが、弁別素性に科学的

なATR（advanced tongue root、舌根の前方性、咽頭の広がり）が加えられるようになると、長母音が二分されるようになった。高舌性と中舌性の母音が＋ATRであるのに対して、低舌性の母音は－ATR（retracted tongue root、舌根の後方性、咽頭の狭め）となることがわかった。弛緩母音である短母音はすべてが－ATRであるので、その解釈が複雑になってしまった。

別の伝統的な分類法に「抑止母音」(checked vowel) と「自由母音」(free vowel) というものがある。抑止母音とは子音で終わる閉音節 (closed syllable) の母音のことである。英語ではすべて短母音であり、強勢を伴う短母音が音節末に生じることはないので抑止母音と呼ばれる。強勢を伴わない母音（弱母音、弱音節の母音）であれば、例えば、シュワー（あいまい母音、schwa /ə/、母音弱化を示すヘブライ語から）は、短母音であっても抑止母音ではない。しかし、シュワーは強勢をもたないので自由母音にも含まれない。強勢を伴う母音は「強母音」とか「強音節の母音」と呼ばれる。

自由母音とは母音で終わる開音節 (open syllable) の母音のことで、英語ではすべて長母音である。歴史的に見れば、「開音節母音長音化」(open syllable lengthening, OSL) は中英語 (Middle English) 期の13世紀初め頃に生じた現象である。例えば、古英語 (Old English) の /ˈsama/ (*same*) は、OSLによって /ˈsaːmə/ と変化し、語末のシュワーが「語末 *e* の消失」(the loss of final-*e*) という現象によって脱落した。その後、母音が推移し、現在の /seɪm/ となった。

1.2.3. 母音の持続時間

すでに短母音と長母音という漠然とした用語を用いているが、母音の持続時間（「母音長」vowel quantity）は前後の音声環境に関わるものであるから、まず子音の性質を示す概念にも簡単に触れておかなければならない。子音には、声帯振動の有無によって無声 (voiceless) と有声 (voiced) の区別があることは1.1.に述べられている。英語の場合、発話の初めと終わりでは声帯の振動が弱く、音素としては有声音であっても、実際には無声化して無声音になるという特徴がある。*bad* の単独発話では、音素は

/bæd/ であるが、実音声は [b̥æd] である。しかし、それらの子音のエネルギー（強さ）は /pæt/ とは違って、非常に弱いものである。したがって、英語子音の閉鎖音と摩擦音ではそのエネルギーの強さに応じた分類が重要である。強い音を「硬音」(fortis)、弱い音を「軟音」(lenis) と呼ぶ。本節では無声音を硬音、有声音を軟音として説明する。

　硬音はエネルギーが大きいためにその発音には時間がかかる。英語は強勢拍リズム (stress-timed rhythm) の言語なので、強勢音節とそれに続く弱音節が1つのリズムユニット (rhythm unit, rhythmic foot) となって、そのユニットごとにかけられる時間がほぼ等しい言語である。この現象を「等時性」(isochrony) があると言う。すると、時間のかかる硬音と弱くて時間がかからない軟音では、その直前の母音（子音を含むこともある）の持続時間を調節して等時性を維持することになる。例えば、同一音素の /iː/ の場合、開音節 pea の母音の長さを基準にすると、硬音の前にある peace の母音は基準よりも短くなり、軟音の前にある peas では基準よりも長くなる。語末よりも軟音の前の母音の方が長いことに注意が必要である。このような現象は以前から指摘されていたが、「硬音前の母音短縮化」(pre-fortis clipping) として命名されたのは、1980年代後半のことである。shortness や shortening では短母音と間違えられやすいし、reduction では母音の弱化と混同されてしまう。clipping であれば、そのような混乱が避けられると判断したウェルズ等の解決策であった。次節以下の母音の説明ではこの特徴が重要な役割を果たす。ちなみに、上記のリズムユニットに関しては、1つのリズムユニットにかける時間がほぼ等しいと述べたが、リズムユニット内の音節数が増えると、そこにも母音の短縮化が起こる。それは「リズミッククリッピング」(rhythmic clipping) と呼ばれている。

　母音長には、狭母音は短く、広母音は長い、という母音本来の長さというものもあるし、二重母音のように必然的に舌の移動に時間がかかるものもある。しかし、たいていは後続子音の影響が大きい。硬音前の母音短縮化に関わらず、軟音であっても、その調音点によって舌の移動にかかる時間が異なるために母音長は変わってくる。軟口蓋音の前の母音は両唇音の前の母音より長い傾向がある。したがって、母音長は相対的なものである。一般に短母音と呼ばれるものは、音声環境が等しいという条件の下で比較

的短い母音であり、長母音は同じ条件のときに比較的長い母音のことである。音長 (quantity) を重視する立場では、長母音を表記する際には長音記号 (ː) を付ける。しかし、音質 (quality) だけに着目する立場では、長音記号が省略されるので気を付けなければならない。例えば、GA に関する文献の多くは GA の *lot* 母音を記述するときに、長音記号を使わない (/ɑː/ を /ɑ/ と表記)。1.2.1. に記したように、GA には独自の音韻変化として、*lot* 母音の非円唇化とその後、音質は変わらないまま長音化が生じたために、*lot* 母音と *palm* 母音とが同一になった。つまり、長短の弁別はないので、実際は長音化されて長母音となっているのに、長音記号を付ける必要がないと考えられた。それに対して、MRP の同一母音音素が短母音 /ɒ/ である。日本の英和辞典や教科書には昔の RP の記号 /ɔ/ でこの母音が示されていたりすることがある。それが実際に多くの日本人学習者（教師）にこの GA 母音が短母音であると誤解させてしまう原因になっている。また、スコットランド英語のような母音の長短が音声環境で大きく変わる方言（音素はすべて短母音とみなす）では長音記号を使わないと、音声の比較や説明が出来なくなる。したがって、本稿では音素記号にも長音記号を用いることにする。

1.2.4. 単母音と二重母音

短母音と長母音という分類では、*bid* と *beat* の母音長（[ɪ] と [iː]）を比べたとき、硬音前の母音短縮化によって、比較的短い母音（短母音）が比較的長い母音（長母音）よりも長くなってしまう。また、長母音にはこの *beat* の母音のように調音している間ずっと舌が動かない（舌の形が一定の）ものと、*face* の母音 (/eɪ/) のように初めの母音から2つ目の母音に向かって舌が動くもの、つまり「わたり（音）」(glide) を発出するものの両方が含まれる。わたりを伴わない母音を「単母音」(pure vowel, monophthong)、あるいは舌の形が一定であることから「定常母音」(steady-state vowel) と言う。わたりを伴う母音は「二重母音」(diphthong) と呼ばれる。二重母音の発音記号は、第1要素と第2要素の2つの母音記号を並列して表記するが、第2要素はわたりの方向を示しているのであって、必

ずしも舌の移動の到着点ではない。MRPの（GAにはない）シュワーに向かう二重母音はシュワーが終着点となるが、たいていの二重母音は終着点に届かないうちに終わる。第1要素の母音は比較的はっきりと発音され、二重母音の母音長の半分以上をしめ、残りの部分に第2要素の母音方向へのわたりが生じる。二重母音が1つの母音とみなされるのはこのためである。ちなみに、日本語の「愛」の発音（アイ）は2つの異なる母音が連続している連母音である。英語の二重母音を日本語の連母音のように発音してはならない。

　長母音に単母音と二重母音とが含まれることと、母音の長短が相対的な関係にあることから、長母音・短母音という用語は便利ではあるが、厳密ではない。しかし、強勢を伴わない音節に生じ得る母音（弱母音）の中で、シュワーだけが強母音として用いられることがなく、常に弱母音である（MRPの *nurse* の母音 /ɜː/ はシュワーとは呼ばない）ということを考慮すると、シュワーは他には短母音としか分類出来ない。シュワーは弱音節の弱化した母音であるのだから当然であるが、英語においては歴とした音素なのである。歴史的にはシュワーの出現は古英語末期に始まり、中英語初期の1200年頃までには弱音節の母音として定着している。また他の英語の短母音はすべて抑止母音であるが、シュワーは強勢を伴うことがないから開音節にも生起する。単母音・二重母音と1.2.2.で見た抑止母音・自由母音という分類を組み合わせると、MRPの母音を分類するときに長母音・短母音という項目を立てる必要はなくなるが、その分類にシュワーを含めることは出来ない。しかし、シュワーは常に短母音であり、リズムの関係で短縮されるときには脱落してしまう。

1.2.5. MRPの母音

　MRPの母音数は20ある。シュワーを除く英語の母音は (1)「抑止（単）母音」(checked (pure) vowel) 〈6〉、(2)「自由単母音」(free pure vowel) 〈6〉、(3)「自由二重母音」(free diphthong) 〈7〉の3つのグループに分類出来る。抑止母音はすべての短母音である。シュワーは短母音であっても、強勢が置かれることがないので抑止母音ではない。また、自由母音はすべて長母

音である。以下ではこの分類に沿って MRP の母音を説明するが、個々の母音にその母音の「説明ラベル」(descriptive label) を付けていく。1.1. で説明された基本母音の 3 つの基準がそれに当たる。音声に関する議論や説明の際に用いられる一般的な方法であり、どの母音であるかということが実際の発音よりも正確に伝えられる。説明ラベルは子音にもあり、子音の場合は声帯振動の有無、調音点、調音法の順に述べるために、「VPM ラベル」(the voice-place-manner label, VPM label) と呼ぶことが出来る。同様に母音では「BOR ラベル」(the backness-openness-(lip-)rounding label, BOR label) となる。

(1) 抑止母音
- [ɪ]　front-central close-mid unrounded　(*kit*, *sit*)
- [e]　front mid unrounded　(*dress*, *ten*)
- [æ]　front open unrounded　(*trap*, *cat*)
- [ɒ]　back open rounded　(*lot*, *pot*)
- [ʊ]　back-central close-mid rounded　(*foot*, *put*)
- [ʌ]　central open-mid unrounded　(*strut*, *cup*)

　[ɪ, e, æ] は L 音（軟口蓋化した暗い L 音、dark L [ɫ]）が後続するときには、中央化 (mid-centralized) する。[ɒ, ʊ] は rounded（円唇）と表示したが、その円唇は弱まりつつある。特に [ʊ] は使用頻度の高い *good* 等の語で非円唇、及び中舌化 (centralized) する傾向が強くなっている。[ʌ] は日本語の「ア」とほとんど同じ音であるが、英語音声を研究するうえで非常に興味深い音である。イングランド北部方言にはこの音はなく、代わりに [ʊ] が用いられる。また、[ʌ] は弱音節母音のシュワーに強勢が置かれた母音とみなすことも出来る。さらに、GA の R 音化した自由母音の中で /ɜ:/ だけが音素として独立しているが、その音素をもつ GA の語が、MRP では /ɜ:/ が非 R 音化した /ɜ:/ で発音されるもの（*nurse* 等大半の語はこちらに対応）と /ʌ/ に対応するもの（*worry*, *thorough* 等）とに分かれる。この違いは /ɜ:/ が /ʌr/ からの変化であると知れば容易に納得出来る。
　シュワーは特殊な弱母音で 3 分類に含めることは出来ないが、たいてい

は抑止母音が弱まったものであり、恒常的な短母音であるので、ここでBORラベルを表示して説明する。

 [ə] central mid unrounded (*(bon)u(s), a(bout)*)

シュワーの母音領域は比較的広く後続する音による影響を受けやすい。また、語末では開口度が広くなり、mid というよりも [ʌ] 同様に open-mid となるので、*butter* /ˈbʌtə/ の2つの母音は同一となり、差異は強勢の有無に過ぎない。ちなみに前世紀の後半から (M)RP でも GA でも弱母音としての /ɪ/ がシュワーで発音されることが多くなった (*behind, private* 等)。

(2) 自由単母音
 [iː] front close unrounded (*fleece, key*)
 [ɛː] front open-mid unrounded (*square, hair*)
 [ɜː] central mid unrounded (*nurse, bird*)
 [ɑː] central open unrounded (*palm, father*)
 [ɔː] back mid rounded (*thought, saw*)
 [uː] back-central close rounded (*goose, too*)

[iː] は硬音前の母音短縮化が生じる場合を除いて、語末や軟音の前では若干のわたりをもって二重母音化した [ɪi] になる傾向がある。また暗いLの前では中央へのわたりが生じて [ɪə] と発音されるために *real* と *reel* の対立がなくなってしまう。

[ɛː] は MRP の象徴的な母音である。RP では [ɛə] (/eə/) と発音されていた語は前世紀末頃からわたりがなくなって単母音に変わった。しかし、保守的な話者は現在でも二重母音を用いている。

[ɜː] は昔の RP では open-mid であったが、開口度がやや狭まって mid となった。調音点が母音領域の真ん中にある。ためらいを表す声と同じである。[ɑː] の前後位置についても back-central から central に移りつつある。20世紀前半の RP では一層後舌の back であることが上品であると判断されていたが、今では気取っているとしか思われない。MRP では GA

や多くの方言で *trap* 母音 [æ] で発音される語をこの *palm* 母音を使って発音している。*bath, dance, can't* のような語であるが、イングランド南部の富裕層の英語だけが 18 世紀前後にそのように変化し、同時期に起こった音節末 R 音の脱落とともに、イギリスの威信と革新性の顕示が言語変容に現れたと言えるだろう。

MRP の [ɔ:] は GA の [ɔ:] よりも開口度が狭く mid であるが、GA では open-mid である。MRP では *poor, sure, your* のような使用頻度の高い語において、20 世紀後半から下記の自由二重母音 [ʊə] の代わりに [ɔ:] が使われるようになってきた。GA では 1.2.1. で述べたように、概して [ɔ:] は中西部北側では MRP と同様の語彙グループに用いられるが、中西部南側ではその使用は R 音が後続して R 音化される場合に限られる。

[u:] はたいてい二重母音化して [ʊu] となるが、硬音前の母音短縮化が生じる環境では、わたりが発生するだけの持続時間がないので単母音である。この音は基本的には円唇母音であるが、MRP における現在進行中の変化として、非円唇化と前舌化が指摘出来る。「*goose* 母音の前舌化」(*goose*-fronting) として知られるようになったが、最近の若者たちは [gu:s] を [gi:s] のように発音している。

(3) 自由二重母音

自由二重母音は「高舌化二重母音」(closing diphthong) と「中央化二重母音」(centring diphthong) に分けられる。さらに高舌化二重母音は「前舌化二重母音」(fronting diphthong) と「後舌化二重母音」(backing diphthong) に区別出来る。また、中央化二重母音は GA には存在しない、GA では R 音化した母音（1.2.7. で後述）/ɪr, ʊr/ であり、MRP に受け継がれている中央化二重母音は RP の革新的変化の 1 つである。

　　高前舌化二重母音
　　[eɪ]　front mid unrounded　→　ɪ　(*face, say*)
　　[aɪ]　central open unrounded　→　ɪ　(*price, high*)
　　[ɔɪ]　back open-mid rounded　→　ɪ　(*choice, boy*)

高後舌化二重母音

    [aʊ] central open unrounded　→　ʊ　(*mouth, now*)

    [əʊ] central close-mid unrounded　→　ʊ　(*goat, boat*)

中央化二重母音

    [ɪə] front-central close unrounded　→　ə　(*near, here*)

    [ʊə] back-central close rounded　→　ə　(*cure, pure*)

　MRP の二重母音はいずれも第 1 要素の調音点が伝統的な RP とは少しずれているので、上記 BOR ラベルをしっかりと確認することが大切である。特に特徴的なのは中央化二重母音の第 1 要素が高舌化しつつあることである。また、MRP [əʊ] の第 1 要素は unrounded であるが、GA では rounded で [oʊ] となる。RP において第 1 要素が非円唇化したのは 20 世紀初頭のことで、それ以前は GA の発音と同じであった。

　1.2.4. で見たように第 2 要素はわたりの目標とする方向を示しているに過ぎないが、中央化二重母音はシュワーが終着点となる。そのシュワーの到達地点も昔の RP (open-mid) よりも高く、mid に変わっている。また、[eɪ] のわたりは近年とても小さくなってきている。さらに高前舌化二重母音では暗い L が後続すると、第 2 要素がシュワーになる (*oil* [ɔəɫ])。[əʊ] については、暗い L が後続すると、第 2 要素が脱落する傾向がある (*whole* [həɫ])。

　MRP には「三重母音」(triphthong) が 5 つあるが、それは 5 つの高舌化二重母音にシュワーが後続したものと分析できる。GA ではシュワーではなく /r/ が付くので、三重母音にはならない。MRP では第 2 要素、つまり基になった二重母音のわたりはほとんどなくなってシュワーとつながるので、*shower* は [ʃaˑə] となって、さらに [ʃɑː] 発音されることもある。20 世紀後半に生じたこの現象は「潤滑化」(smoothing) と命名されている。

1.2. 英語の母音

1.2.6. 弱母音音素の中和

20世紀後半になると、伝統的RPでは [ɪ, ʊ]（短母音）と発音されていた語末や音節末の弱母音を自由単母音の [iː, uː]（長母音）で話す話者が見られるようになってきた。つまり、*easy* には [ˈiːzɪ, ˈiːziː]、*influenza* には [ˌɪnflʊˈenzə, ˌɪnfluːˈenzə] の2種類の発音が認められることになった。これらの母音は従来、概してRPでは短母音、GAでは長母音であるとみなされてきたが、GAでもばらつきがあって、RP、GAともにその2組の母音は中和された。

さらに、音質は自由単母音の狭母音（緊張母音）でありながら、持続時間が短い母音、つまり、両者の中間音とも言える [i, u] を使用する話者も増えてきた。その結果、発音辞典や専門書の発音表記では、厳密に言えば音素記号ではないが、これら各2母音間 [ɪ~iː, ʊ~uː] の「音素の中和」(phoneme neutralisation) を示す発音記号 /i, u/ を考案して、/ˈiːzi, ˌinfluˈenzə/ と表記されるようになった。これらの記号は音素の中和を示すだけなので、記号が増えても母音の音素数が増えるわけではない。

1.2.7. GAの母音

GAに関する文献にはアメリカ言語学会独自の発音記号が使われることが多いが、本稿ではMRPとの比較が出来るように、発音記号は国際音声記号 (IPA) で統一して記述する。

すでに見てきたように、GA独自の母音変化に lot 母音の非円唇化と長音化があって、*palm* 母音を同一の音素グループにまとまった。また中西部南側では、*thought* 母音も同様に発音される。したがって、GAの母音は次の16になる。

[ɪ e ʊʊ ʊɪ ɪə ʌ ə iː ɑː ɔː uː eɪ aɪ ɔɪ aʊ oʊ ɜː]

GAではR音が後続すると母音がR音化するが、[ɜː] 以外は2つの記号を並べて、2字1音 (digraph) として表記出来る。

R音化した母音 (/r/-colored vowel)

/ɪr/	mi<u>r</u>ror
/er/	fa<u>r</u>ed
/ʊr/	assu<u>r</u>ed
/ɑr/	pa<u>r</u>t
/ɔr/	cou<u>r</u>t
/aɪr/	ti<u>r</u>e
/aʊr/	ou<u>r</u>

[ɝː] は /ʌr/ の母音変化であるから、R音化しない母音にMRPのような [ɜː] がない。そのために別の母音とみなされる。

/ɝː/	hu<u>r</u>t

MRPの [ɪə, ʊə] はこれらの /ɪr, ʊr/ が変化したもので、「R音の母音化」(/r/-vocalization) と呼ばれる。また、保守的なRPの [eə] も /er/ の変化で同様の音韻変化過程を経たものである。

GAにはR音化した母音がもう1つあると言える。語末等の弱音節に生じる /ər/ (teach<u>er</u>) なのだが、現行IPAチャートのR音化補助記号を用いて /ɚ/ と表記することも可能である。その記号は日本の英語教育では以前から利用されている。しかし、このようなGAの弱母音は音節主音的な (syllabic) [r̩] と解釈してもかまわない。

1.2.8. 弱形と強形

1.2.3. で触れたように英語は強勢拍リズムの言語なので、文中ではすべての語に強勢が付与されるわけではない。強勢が置かれるのは情報伝達上重要な意味をもつ語に限られる。発話において文を形成するための文法的関係を示すだけの語が強勢を伴うことはなく、リズムユニットの中で弱音節として振る舞うことになる。文法学者はこれら2種の語を「内容語」(content word) と「機能語」(function word) に区別している。研究者によ

1.2. 英語の母音

ってその分類名は異なり、内容語は「実語」(full word)「語彙語」(lexical word) とも呼ばれ、機能語は「文法語」(grammatical word)「構造語」(structure word) 等々と言い換えられる。名詞、動詞、形容詞、副詞は内容語であり、冠詞、接続詞、代名詞、前置詞、be 動詞、助動詞等が機能語である。

　日常会話では通常内容語に強勢を付けて、機能語は弱く発音される。特に強調しない限り、機能語を強く話すことはない。したがって機能語の母音は通常弱母音となる。内容語ははっきりと発音されるので、内容語には弱化した発音はないが、機能語には強勢が置かれない場合の「弱形」(weak form) と必要に応じてはっきり伝えるために母音が弱化しない「強形」(strong form) の2種類の発音がある。辞書の発音表示でも、機能語ではたいてい初めに弱形がいくつか示され、最後に強形が掲載されている。しかし、単語を習ったり覚えたりするときには強形が用いられるので、母音が弱化した弱形の発音を知らない学習者も多い。それがリスニングやスピーキングの障害にもなっている。機能語というのは「閉じた類」(closed class) であって、名詞のように次々と新語が加えられるようなことはないので、覚えるべき弱形の語数は非常に限られ、50を超えることはない（2語の短縮形を含めると代名詞の数が乗じられてもっと増えることになったりする）。機能語を辞書で調べて、発音表記の初めに載っている弱形を確認して、知らなければすぐに覚える必要がある。

　例えば、MRP で [ə] とだけ発音される語が3つもある。*a, her, are* である。このことを知らないとリスニングで不自由な思いをすることになる。*of* もそうではないかと疑問を抱かれた読者は素晴らしいが、/əv/ を [ə] と発音するのは、音声学では弱形とは呼ばずに、子音の前の /v/ の「脱落」と分類している。弱形にも R 音化の影響があるので、MRP と GA では多少異なるし、MRP ではめったに強形が聞かれない *and* に対して（通常弱形の [ən]）、GA では鼻音化した強形 [ænd] が好んで用いられるという事実もある。逆に保守的な RP では *must* の母音が弱化したシュワーになることはほとんどないように感じられる（t が脱落するだけの [mʌs]）。そのように記述されている文献は見つからないが、*must* の意味が強いからではないかと筆者は推測している。RP では *your* の弱形もほとんど聞か

れず、[jɔː] という強形になる。こちらのアドバイスは Wells (2008) に書かれている。

　弱形を学ぶためには、使用頻度の少ない強形の使い方を覚えておくと有益である。強形の条件は次の5つだけに限られる。つまり、弱形が使われない例外と言える。(1) 機能語が文末に来たとき、(2) 前置詞等が対比して用いられるとき、(3) 等位用法：2つの機能語が and で結ばれて使われるとき、(4) 機能語を強調したいとき、(5)（文法の説明などで）機能語を引用として用いるとき。以上のように機能語の強形は特別な発音なので、普段は弱形で話すように心掛けると良いだろう。

　間違いやすい発音として注意を促したいことは、接続詞や関係代名詞 that は弱形 [ðət] であるが、限定詞（学校文法では指示代名詞）の that は母音が弱化されることはなく（弱形がない）、常に [ðæt] である。

　最後に是非覚えていただきたい弱形を列挙しておく。

接続詞	as	[əz]	
	than	[ðən]	
代名詞	he	[i]	文頭では [hi]
	his	[ɪz]	文頭では [hɪz]
	him	[ɪm]	文頭では [hɪm]
	her	[ə(r)]	文頭では [hə(r)]
	them	[ðəm]	
前置詞	at	[ət]	
	for	[fə(r)]	
	from	[frəm]	
	to	[tə]	母音の前では [tu]
be 動詞	was	[wəz]	
助動詞	can	[kən]	
	have	[əv]	文頭では [həv]
	do	[də]	母音の前では [du]

参考文献

Ashby, Patricia (2011) *Understanding Phonetics*. London: Hodder Education.
Celce-Murcia, Marianne, Brinton, Donna M., Goodwin, Janet M., and Griner, Barry (2010) *Teaching Pronunciation: A Course Book and Reference Guide*. 2nd ed. Cambridge: Cambridge University Press.
Collins, Beverley and Inger M. Mees (2008) *Practical Phonetics and Phonology: A Resource Book for Students*. 2nd ed. London: Routledge.
Esling, J. H. and R. F. Wong (1983) "Voice quality settings and the teaching of pronunciation," *TESOL Quarterly* 17 (1), 89–95.
Honikman, B. (1964) "Articulatory settings." In D. Abercrombie, D. B. Fry, P. A. D. MacCarthy, N. C. Scott and J. L. M. Trim (eds.), *In Honour of Daniel Jones*. (pp. 73–84). London: Longman.
Jones, Daniel (1917) *An English Pronouncing Dictionary*. London: J. M. Dent.
Jones, Daniel (1926) *An English Pronouncing Dictionary*. 3rd ed. with Revised Introduction. London: J. M. Dent.
Jones, Daniel and A. C. Gimson (1977) *Everyman's English Pronouncing Dictionary*. 14th ed. London: J. M. Dent and Sons.
Roach, Peter (2009) *English Phonetics and Phonology: A Practical Course*. 4th ed. Cambridge: Cambridge University Press.
Teschner, Richard V. and M. Stanley Whitley (2004) *Pronouncing English: A Stress-Based Approach with CD-ROM*. Washington, D.C.: Georgetown University Press.
Wells, J. C. (1990) "Syllabification and allophony." In Susan Ramsaran (ed.), *Studies in the Pronunciation of English: A Commemorative Volume in Honour of A. C. Gimson*. (pp. 76–86). London: Routledge.
Wells, J. C. (2008) *Longman Pronunciation Dictionary*. 3rd ed. Harlow: Pearson Education.

(三浦　弘)

1.3. 英語の子音

　子音については、1.1. において一般音声学・音韻論の視点から概説がなされているので、1.3. では英語の子音に的を絞り、1.3.1. 英語子音各論、1.3.2. 子音連結、1.3.3. 同化と異化について述べる。

1.3.1. 英語子音各論

1.3.1.1. 閉鎖音 (Stops)
　英語の閉鎖音は [p, t, k, b, d, g] の6つから成る。[p, b] は両唇を合わせ、[t, d] は舌尖を上歯茎にあて、[k, g] は後舌を軟口蓋にあて、それぞれ呼気を閉鎖する。瞬間音である。[p, t, k] は無声音、[b, d, g] は有声音である。これらの音が閉鎖の後、どのように発音されるかは、その音の種類と環境によって決まる。

(1) [p, b] 両唇閉鎖音 (Bilabial Stops)
　*p*en, a*pp*ear のように、語頭または音節頭位の [p] は、両唇の閉鎖により圧縮された呼気を、突然、破裂する。強い気息 (aspiration) を伴う。（精密表記では [pʰ] と表記する。）気息は強勢の強い時のほうが弱い時より大きい。一方、*b*ed, a*b*ility のように、語頭または音節頭位の [b] は、閉鎖は解放されるが、[p] と違って、強い気息を伴わない。静かな調子で閉鎖の解放を開始する。
　ma*p* のように語尾の [p] は閉鎖はされるが解放はされない（速いテンポの会話）、閉鎖は解放されるが気息はほとんど伴わない（一般的な会話）、語頭または音節頭位と同じく強い気息を伴う（舞台、演説など）、のいずれかで発音される。一方、ca*b* のように、語尾の [b] は、閉鎖はされるが解放されない（速いテンポの会話）、閉鎖は解放されるが気息は伴わない（後半が一部無声音化される、静かな調子で閉鎖の解放を終了する）（一般的な会話）、のいずれかで発音される。
　s*p*y のように摩擦音の後の [p] は、閉鎖は解放されるが、先行の摩擦音

に吸収され、気息はほとんど伴わない。

ca*p* pistol, ca*p*tive, u*p*keep, u*p*bringing, shee*p*dog, shee*p* grass, u*p*chuck, to*p* job, we*b* press, su*b*basement, we*b*-toed, a*b*duction, mo*b*cab, su*b*group, su*b*chapter, su*b*ject のように閉鎖音 [p, t, k, b, d, g] の前、または破擦音 [tʃ, dʒ] の前の [p, b] は、閉鎖が完全に解放される前に、後続音の調音が開始される。従って、破裂は次の閉鎖まで持ち越されることになる。

ste*p*mother, ca*b*man のように鼻音の前の [p, b] は、閉鎖が完全に解放される前に、後続音の調音が開始される。従って、破裂は次の鼻音の影響で、（一部）鼻腔で実現されることになる。これを鼻腔破裂 (nasal plosion) という。特に、stop'em [stɑpm̩], ribbon [rɪbm̩] のように、次に成節的子音 [m̩] が続く時は鼻腔破裂が著しい。

a*pp*le, jo*b*less のように、側音 [l] の前の [p, b] は、閉鎖が完全に解放される前に、後続音の調音が開始される。従って、破裂は、次の側音の影響を受けて、（一部）側音で実現されることになる。これを側音破裂 (nasal plosion) という。

u*p*ward, shi*p*yard, jum*p* rope, su*b*way, distur*b* yourself, su*b*reption のように半母音 ([w, j, r]) の前の [p, b] は、閉鎖が解放しないか、たとえ解放しても破裂が弱く、かすかにしか聞こえない。

u*p*hold, a*b*hor のように、声門音 [h] の前の [p, b] は、閉鎖が解放しないか、たとえ解放しても破裂が弱く、かすかにしか聞こえない。

clu*b*foot, su*b*threshold, lo*b*ster, jo*b* shop のように、無声摩擦音 ([f, θ, s, ʃ]) の前の [b] は、一部、無声音化される。（注：無声破裂音 [p, t, k]、無声破擦音 [tʃ] の前の [b] については上記参照。）

(2) [t, d]　歯茎閉鎖音 (Alveolar Stops)

*t*ake, at*t*ain のように、語頭または音節頭位の [t] は、舌尖と歯茎の閉鎖により圧縮された呼気を、突然、破裂させる。この時、強い気息を伴う。気息は強勢の強い時のほうが弱い時より大きい。一方、*d*og, ad*d*ition のように、語頭または音節頭位の [d] は、閉鎖は解放されるが、[t] と違って、強い気息を伴わない。静かな調子で閉鎖の解放を開始する。

be*tt*er, twen*t*y, ba*tt*le, capaci*t*y のように、母音間、もっと正確には、母音

（＋鼻音、側音、または半母音）と弱強勢母音、または成節的子音の間の [t] は、舌尖で上歯茎を素早くはじいて生じる弾音の [t] (flapped [t]) が用いられる。閉鎖は解放されるが破裂は弱く、気息もほとんど伴わない。この [t] は有声化されるため、voiced [t] とも呼ばれる。（精密表記では [t̬] と表記する。）しかし、与えられた発話において [d] の長さの半分以下であり (Kenyon 1951)、また、[t] より [d] のほうが先行母音が長くなる（竹林 1996）という点で、[d] とは区別される。

ha*t* のように語尾の [t] は、閉鎖はされるが解放はされない（速いテンポの会話）、閉鎖は解放されるが気息はほとんど伴わない（一般的な会話）、語頭または音節頭位と同じく強い気息を伴う（舞台、演説など）、のいずれかで発音される。一方、be*d* のように、語尾の [d] は、閉鎖はされるが解放されない（速いテンポの会話）、閉鎖は解放されるが気息は伴わない（後半が一部無声音化される、静かな調子で閉鎖の解放を終了する）（一般的な会話）、のいずれかで発音される。

s*t*yle のように、摩擦音の後の [t] は、閉鎖は解放されるが、先行の摩擦音に吸収され、気息はほとんど伴わない。

se*t* point, nigh*t*time, res*t* cure, tex*t*book, cu*t*down, nigh*t* game, smar*t* chance, nigh*t*jar; re*d* panda, car*d*board, mi*d*term, mi*d*day, Unite*d* Kingdom, re*d*cap, be*d*check, re*d* giant のように閉鎖音 [p, t, k, b, d, g]、または破擦音 [tʃ, dʒ] の前の [t, d] は、閉鎖が完全に解放される前に、後続音の調音が開始される。従って、破裂は次の閉鎖まで持ち越されることになる。

wi*t*ness, hea*d*man のように、鼻音の前の [t, d] は、閉鎖が完全に解放される前に、後続音の調音が開始される。従って、破裂は次の鼻音の影響で、（一部）鼻腔で実現されることになる。（鼻腔破裂）。特に、co*tt*on [kɑtn̩], su*dd*en [sʌdn̩] のように、次に成節的子音 [n̩] が続く時は鼻腔破裂が著しい。

dou*b*tless, hea*d*line のように、側音の前の [t, d] は、閉鎖が完全に解放される前に、後続音の調音が開始される。従って、破裂は、次の調音の影響を受けて、（一部）側音で実現されることになる。（側面破裂）特に、bo*ttl*e のように、次に成節的子音 [l̩] が続く時は鼻腔破裂が著しい。

nigh*t*wear, cour*t*yard, hot-rod, har*d*wear, mi*d*year, ba*d* rap のように半母音

([w, j, r]) の前の [t, d] は、閉鎖が解放しないか、たとえ解放しても破裂が弱く、かすかにしか聞こえない。(注：mattress, bad rap は、速い発話では [tr, dr] が破擦音化される。)

ca*th*ead, bir*d*house のように、声門音 [h] の前の [t, d] は、閉鎖が解放しないか、たとえ解放しても破裂が弱く、かすかにしか聞こえない。

eigh*th*, Look a*t t*his, wi*dth*, this an*d t*hat のように [t, d] + [θ, ð] は、[t, d] と [θ, ð] が結合し、まるで1個の音であるかのように発音される。([t̪, d̪]) 舌尖を上前歯の尖端にしっかりあて、呼気を一時閉鎖する。その後、直ちに、閉鎖をゆっくり解放し、摩擦音 [θ, ð] を発音する。[tθ, tð, dθ, dð] は、それぞれ音素的には2つの音であるが、音声的には [tʃ, dʒ] と同じように1つの破擦音として扱われる。

*t*ree, *d*ry のように、語頭または音節頭位の [t, d] + [r] は、[t, d] と [r] が結合し、まるで1個の音であるかのように発音される。つまり、舌尖を上歯茎の後方にあて呼気を一時閉鎖し、唇を丸めて直ちに [r] を発音する。この時、特に [tr] では [r] が [t] の影響で無声音化され、強い摩擦を帯びる。[tr, dr] は音素的には2つの音であるが、音声的には [tʃ, dʒ] と同じように1つの破擦音として扱われる。

ca*ts*, be*ds* のように、[t] + [s]、[d] + [z] は2音が結合し、まるで1個の音であるかのように発音される。舌尖を上歯茎にあて、呼気を閉鎖する。その後、直ちに、閉鎖を解放し、舌尖と上歯茎のすきまから摩擦音 [s] を発音する。[ts, dz] は音素的には2つの音であるが、音声的には [tʃ, dʒ] と同じように1つの破擦音として扱われる。

be*d*ford, hea*d*set, han*d*shake のように、無声摩擦音 ([f, s, ʃ] の前の [d] は、一部、無声音化される。(注：無声破裂音 [p, t, k]、無声破擦音 [tʃ]、無声歯音 [θ] の前の [d] については上記参照。)

(3) [k, g] 軟口蓋閉鎖音 (Velar Stops)

*c*at, ac*c*ord のように、語頭または音節頭位の [k] は、後舌と軟口蓋の閉鎖により圧縮された呼気を、突然、破裂する。強い気息 (aspiration) を伴う。気息は強勢の強い時のほうが弱い時より大きい。一方、*g*o, a*g*o のように、語頭または音節頭位の [g] は、閉鎖は解放されるが、[k] と違って、

強い気息を伴わない。静かな調子で閉鎖の解放を開始する。

　sick のように語尾の [k] は閉鎖はされるが解放はされない（速いテンポの会話）、閉鎖は解放されるが気息はほとんど伴わない（一般的な会話）、語頭または音節頭位と同じく強い気息を伴う（舞台、演説など）、のいずれかで発音される。一方、egg のように、語尾の [g] は、閉鎖はされるが解放されない（速いテンポの会話）、閉鎖は解放されるが気息は伴わない（後半が一部無声音化される、静かな調子で閉鎖の解放を終了する）（一般的な会話）、のいずれかで発音される。

　sky のように摩擦音の後の [k] は、閉鎖は解放されるが、先行の摩擦音に吸収され、気息はほとんど伴わない。

　bookplate, actor, neck cloth, sick bed, week day, electric guitar, electric chair, classic jazz, dog paddle, pigboat, dogtired, big day, big cat, big game, big cheese, pig jump のように閉鎖音 [p, t, k, b, d, g] の前、または破擦音 [ʧ, ʤ] の前の [k, g] は、閉鎖が完全に解放される前に、後続音の調音が開始される。従って、破裂は次の閉鎖まで持ち越されることになる。

　sickness, bigness のように鼻音の前の [k, g] は、閉鎖が完全に解放される前に、後続音の調音が開始される。従って、破裂は次の鼻音の影響で、（一部）鼻腔で実現されることになる。これを鼻腔破裂 (nasal plosion) という。特に、Jack and Betty [ʤækn̩beti], dig and berry [dɪgn̩beri] のように、次に成節的子音 [n̩] が続く時は鼻腔破裂が著しい。

　necklace, big-league のように、側音 [l] の前の [k, g] は、閉鎖が完全に解放される前に、後続音の調音が開始される。従って、破裂は、次の側音の影響を受けて、（一部）側音で実現されることになる。これを側音破裂 (nasal plosion) という。

　backward, dockyard, sack race, logwood, big yawn, egg roll のように半母音 ([w, j, r]) の前の [k, g] は、閉鎖が解放しないか、たとえ解放しても破裂が弱く、かすかにしか聞こえない。

　dark horse, doghouse のように、声門音 [h] の前の [k, g] は、閉鎖が解放しないか、たとえ解放しても破裂が弱く、かすかにしか聞こえない。

　dogfish, Big Three, dogsled, eggshell のように、無声摩擦音 ([f, θ, s, ʃ]) の前の [g] は、一部、無声音化される。（注：無声破裂音 [p, t, k]、無声

破擦音 [tʃ] の前の [g] については上記参照。)

1.3.1.2. 摩擦音 (Fricatives)

英語の摩擦音は [f, v, θ, ð, s, z, ʃ, ʒ, h] の 6 つから成る。[f, v] は上歯で下唇を軽くかみ、[θ, ð] は舌尖を上前歯裏にあて (あるいは、前歯で軽くかみ)、[s, z] は舌尖を上歯茎に近付け、[ʃ, ʒ] は舌端を歯茎と硬口蓋の境界付近に近付け、[h] は声帯の隙間から、それぞれ呼気を摩擦させて出す。[f, θ, s, ʃ, h] は無声音、[v, ð, z, ʒ] は有声音である。摩擦音は閉鎖音や後で述べる破擦音と違って継続音である。

(1) [f, v] 唇歯摩擦音 (Labio-Dental Fricatives)

上前歯の先を下唇の内側を持ち上げ上前歯の先に軽く触れるようにし、その隙間から呼気を押し出すようにして発音する。[v] は [f] よりも摩擦が弱く、語尾では一部無声音化される。[f, v] は調音位置が正しくても摩擦が不十分だと閉鎖音 [p, b] に聞こえてしまうことがある。

(2) [θ, ð] 歯摩擦音 (Dental Fricatives)

舌尖を上前歯裏にあて (あるいは、前歯で軽くかみ)、そのすきまから呼気を摩擦させて出す。[ð] は [θ] よりも摩擦が弱く、語尾では一部無声音化される。[θ, ð] を [t, d] と誤って発音すると無教養な話し手と受け取られるので注意が必要である。

(3) [s, z] 歯茎摩擦音 (Alveolar Fricatives)

舌尖を上歯茎に近付け、そのすきまから呼気を摩擦させて出す。呼気はさらに前歯にあたり強い摩擦を生む。[z] は [s] よりも摩擦が弱く、語尾では一部無声化される。[s] はすべての子音の中で、最も摩擦が強い。

(4) [ʃ, ʒ] 歯茎・硬口蓋摩擦音 (Postalveolar Fricatives)

舌端を上歯茎と硬口蓋の境界付近に近付け、そのすきまから呼気を摩擦させて出す。呼気はさらに前歯にあたり、鋭い摩擦を生む。[ʃ, ʒ] は [s, z] より舌全体が奥にひかれ、調音の狭めが広い。また、[s, z] と違って唇

をまるめて発音するのが普通である。[ʃ] は [ʒ] よりも摩擦が弱く、語尾では一部無声音化される。[ʒ] は語頭にはあらわれない。

(5) [h] 声門摩擦音 (Glottal Fricative)
  声帯の間で呼気を摩擦させて出す。[h] の唇の形は、次にくる母音に一致する。また、a*h*ead のように、母音間の [h] はよく有声音化される。(精密表記では [ɦ] と表記する。) [h] は語尾には表れない。

1.3.1.3 破擦音 (Affricates)
  閉鎖音と摩擦音の結合音を破擦音という。肺からの呼気を発音器官のどこかで閉鎖し、続いてそれをゆっくり解放し、閉鎖と同じ調音点で摩擦音を出す。破擦音は、閉鎖音と同様、瞬間音である。英語では [tʃ] と [dʒ] の2つの破擦音がある。なお、前に述べた [tθ, dθ]、[tr, dr]、[ts, dz] は、まるで1個の音のように発音されるが、音素的には破擦音とはみなされない。

  [tʃ, dʒ] 後部歯茎破擦音 (Postalveolar Affricate)
  舌尖と舌端を上歯の後部にあて、呼気を閉鎖すると同時にその閉鎖をゆっくり解放し、前舌を硬口蓋に向けて上げ摩擦音 [ʃ] を発音する。[tʃ, dʒ] は閉鎖音と異なり、どんな環境においても、閉鎖が解放されないということはない。語尾の [dʒ] は後半が一部無声音化される。

1.3.1.4. 鼻音 (Nasals)
  口腔のある部分を完全に閉鎖し、軟口蓋を下げ呼気を鼻腔から出す。このようにして発音される音を鼻音という。英語には [m, n, ŋ] の3個の鼻音がある。

(1) [m] (Bilabial Nasal)
  両唇をしっかり閉じ、軟口蓋を下げ呼気を鼻から出す。[m] は、普通、有声音であるが、s*m*all のように [s] の後では一部無声音化される。また、co*m*fortable, triu*m*vir のように、[f, v] の前では、下唇を上歯で軽くかんで発音される。(精密表記では [ɱ] と表記する。)

(2) [n] (Alveolar Nasal)
　舌尖を上歯茎にしっかりあて、軟口蓋を下げ呼気を鼻腔から出す。[n] は、普通、有声音であるが、s*n*ake のように、[s] の後では一部無声音化される。また、te*n*th や o*n* the desk のように、[θ, ð] の前では、後続音の影響で、舌先を上歯の先端にあて発音される。（精密表記では [ṇ] と表記する。）

(3) [ŋ] (Velar Nasal)
　後舌を軟口蓋にしっかりあて、軟口蓋を下げ呼気を鼻腔から出す。[ŋ] は [m, n] と異なり、語頭にあらわれることがない。lo*n*g [lɔːŋ] のような形容詞に比較を表す接尾辞 {-er}, {-est} を付けると、それぞれ lo*n*ger [lɔːŋgər], lo*n*gest [lɔːŋgɪst] と [ŋ] の後に [g] が入ってくる。一方、si*n*g [sɪŋ] のような動詞の場合は、si*n*ger [sɪŋər], si*n*ging [sɪŋɪŋ], si*n*gs [sɪŋz] のように [g] が入らない。これに対して、fi*n*ger [fɪŋgər] のような語は、始めから [g] が含まれている。

1.3.1.5.　側音 (Lateral)
　英語の側音は [l] のみである。舌尖を上歯茎に付け、舌の両側から呼気を出す。[l] には明るい (clear) [l] と暗い (dark) [l] がある。（精密表記では [ɫ] と表記する。）明るい [l] は前舌部を持ち上げ、[ɪ] の口構えで発音する方法で、l*i*ft のように前舌母音の前や、va*l*ue のように [j] の前で用いられる。これに対して、暗い [l] は後舌部を持ち上げ、[ʊ] の口構えで発音する方法で、b*l*oom のように後舌母音の前、poo*l* のように語尾、si*l*k のように子音の前など、明るい [l] 以外の環境で用いられる。また、hea*l*th, fi*ll* the room のように、[θ, ð] の前では、後続音の影響で舌先を上歯の先端にあてて発音される。([l̪]) [l] は、普通、有声音であるが、p*l*ease のように、無声子音の後では一部無声音化される。

1.3.1.6.　半母音 (Semi-Vowels)
　母音に類似した調音点を持つが、直ちに次の母音に移動する。半母音は、それ自体では音節を成さず、多少ではあるが摩擦を伴い、また、機能

上、母音より子音に似た性質を兼ね備えているので子音として分類されるのが普通である。英語には [j]、[w]、[r] の3つの半母音がある。

(1) [j]

[i:] に似た半母音。[i:] よりもっと前舌を硬口蓋に近付け、発音後、直ちに次の音に移る。舌の位置、唇の形は次にくる母音によって異なる。yeast のように、次に [i:] がくる時が前舌が最も高い。few [fju:] のように、無声子音の後では一部無声音化される。ただし、spew [spju:] のように、その前に [s] がある時は無声音化は起こらない。[j] は語尾には表れない。

(2) [w]

[u:] に似た半母音。[u:] よりもっと唇を突き出し、後舌を軟口蓋に近付け、発音後、直ちに次の音に移る。[w] に対する舌の位置、円唇の程度は、次にくる母音によって異なる。womb のように、次に [u:] がくる時が後舌が最も高く、円唇の程度も著しい。[w] は、普通、有声音であるが、swift のように、無声子音の後では無声音化される。また、which, what のような発音に対して、アメリカ英語では [hw] (出だしに強い気息を伴う無声音化された [w]) が用いられる。(精密表記では [ʍ] と表記する。) [w] は語尾には表れない。

(3) [r]

[ɜ:] に似た半母音。[ɜ:] より中舌を高く、舌尖を硬口蓋に向けて巻き上げ、発音後、直ちに、次の音に移る。[r] は、普通、有声音であるが、pray のように、無声子音の後では一部無声音化される。ただし、spray のように、その前にさらに [s] がある時は無声音化は起こらない。

1.3.2. 子音連結 (Consonant Clusters)

子音連結は語頭、語中、語尾にあらわれる。しかし、語中は語尾と語頭の組み合わせと考えられることから、ここでは、語頭子音連結と語尾子音連結のみを論じることにする。

1.3.2.1. 語頭子音連結 (Initial Consonant Clusters)

語頭では子音は3つまで連結可能である。語頭2子音連結のほうが語頭3子音連結より種類が多い。語頭2子音連結、語頭3子音連結を表にまとめると次のようになる。

(1) 語頭2子音連結 (Initial Two-Consonant Clusters)

語頭2子音連結を表にまとめると次のようになる。△は方言、個人差によりあったりなかったりするものを表す。（縦軸は C_1、横軸は C_2）

表1. C_1C_2-

	l	w	r	j	p	t	k	f	m	n
p	○		○	○						
b	○		○	○						
t		○	○	△						
d		○	○	△						
k	○	○	○	○						
g	○		○	○						
f	○		○	○						
v				○						
θ		○		△						
s	○	○		△	○	○	○	○	○	○
z				△						
ʃ			○							
h		○		○						
m				○						
n				△						

表1から語頭2子音連結は、C_1 が [s] か、C_2 が [l, w, r, j] のいずれかに分類されることがわかる。

(2) 語頭 3 子音連結 (Initial Three-Consonant Clusters)

語頭 3 子音連結を表にまとめると次のようになる。△は方言、個人差によりあったりなかったりするものを表す。(縦軸は C_1C_2、横軸は C_3)

表2. $C_1C_2C_3$-

	l	w	r	j
sp	○		○	○
st			○	△
sk		○	○	○

語頭 3 子音連結 $C_1C_2C_3$ は、語頭 2 子音連結より制限がはるかに厳しい。すなわち、C_1 は [s]、C_2 は [p, t, k]、C_3 は [l, w, r, j] である。[spw-]、[stl-]、[stw-] は存在しない。

1.3.2.2. 語尾子音連結 (Final Clusters)

語尾の子音連結は、語頭と同様、最大 3 つである。ただし、屈折接尾辞（過去を表す {-ed}[d, t]、複数を表わす {-s}[z, s]）、be 動詞・have 動詞・助動詞の縮約形（{'s}[z, s]、{'ve}[v]、{'ll}[l]、{'d}[d, t]）、名詞の所有格語尾（{'s}[z, s]）は除く。語尾 2 子音連結、語尾 3 子音連結を表にまとめると次のようになる。

(1) 語尾 2 子音連結 (Final Two-Consonant Clusters)

語尾 2 子音連結をまとめると表 3 のようになる。(縦軸は C_1C_2、横軸は C_3)

表3. -C₁C₂

	p	t	k	b	d	f	v	θ	s	z	ʃ	tʃ	dʒ	m
p		○						○	○					
t								○	○					
d								○						
k		○							○					
f		○						○						
s	○	○	○											
m	○				○			○	○					
n		○			○			○	○	○		○	○	
ŋ			○					○						
l	○	○	○	○	○	○	○	○	○		○	○	○	○

表3より、語尾2子音連結は、C_2 が閉鎖音 [p, t, k, b, d]、摩擦音 [f, v, θ, s, z, ʃ]、破擦音 [tʃ, dʒ]、鼻音 [m] の場合があることが分かる。

(2) 語尾3子音連結

語尾3子音連結をまとめると表4のようになる。（縦軸は C_1C_2、横軸は C_3）

表4. -C₁C₂C₃

	s	t	θ
mp	○	○	
lt	○		
ŋk	○		
lk	○	○	
ks		○	○
ds		○	
ls		○	
ns		○	
nd			○
lf			○

語尾3子音連結 $C_1C_2C_3$ は、C_3 が [s]、[t]、[θ] のいずれかに分類される。

1.3.3. 同化と異化 (Assimilation and Dissimilation)

音連続において、ある音が近接する音に類似、または一致したり、2つ以上の音が合体して1つの音になる現象を同化と呼ぶ。また、これとは逆に、ある音が近接する音に類似することを嫌って、別の音に変化したり消失したりすることがある。この現象を異化と呼ぶ。話し言葉において、同化、異化は頻繁に起こる現象であるが、その使用については時に注意が必要である。というのは、同化、異化の中には教養のある人々によって普通に用いられるものと、そうでないものがあるからである。同化、異化には、異音レベルの同化（例えば、play では [p] の影響で [l] が無声音化する。）と、音素レベルの同化とがある。異音レベルの同化については、1.3.1. 子音各論においてある程度述べたので、本書では音素レベルに起こる同化、異化についてのみ論じることにする。また、同化、異化という用語は、歴史的変化 (Historical Change) について用いられることもあるが、ここで取り扱うものはすべて現代英語において起こる文脈的変化 (Contextual Change) である。

1.3.3.1. 同化 (Assimilation)

同化は変化の方向により、前の音の影響を受けるものを前進同化 (Progressive Assimilation)、後の音の影響を受けるものを逆行同化 (Regressive Assimilation)、前後の音が合体して別の音を形成するものを相互同化 (Coalescent Assimilation) という。また、変化の内容により、無声音化 (Devocalization)、硬口蓋音化 (Palatalization)、軟口蓋音化 (Velarization)、唇音化 (Labialization)、破擦音化 (Affrication) などの同化が見られる。以下、前進同化、逆行同化、相互同化の順で例を示す。

(1) 前進同化
  a. 唇音化
    前にある両唇音 [p, b] の影響で後ろの [n] が [m] に同化する。

1.3. 英語の子音

    [n] → [m]: happen [hæpən] → [hæpn̩] → [hæpm̩]
               ribbon [rɪbən] → [rɪbn̩] → [rɪbm̩]
  b. 歯茎音化
    前にある歯茎音 [z] の影響で後ろの [ð] が [z] に同化する。
    [ð] → [z]: Is there [ɪz ðər] → [ɪzzər]（竹林 1996, p. 347）
  c. 軟口蓋音化
    前にある軟口蓋音 [g] の影響で後ろの [n] が [ŋ] に同化する。
    [n] → [ŋ]: wagon [wægən] → [wægn̩] → [wægŋ̍]
  d. 鼻音化
    前にある鼻音 [n] の影響で後ろの [t] が [n] に同化する。
    [t] → [n]: twenty [twenti] → [twenni] → [tweni]

                                                    （安井 1992, p. 119）

(2) 逆行同化
  a. 唇音化
    後ろにある唇音 [p, b, m] の影響で前の [t, d, n] が [p, b, m] に同化する。
    [t] → [p]: that pen [ðæp pen], that boy [ðæp bɔɪ], that man
              [ðæp mæn]
    [d] → [b]: good pen [gʊb pen], good boy [gʊb bɔɪ], good man
              [gʊb mæn]
    [n] → [m]: ten players [tem pleɪərz], ten boys [tem bɔɪz], ten men
              [tem men] (Gimson 2008, p. 301)
  b. 軟口蓋音化
    後ろにある軟口蓋音 [k, g] の影響で前の [t, d] が [k, g] に同化する。
    [t] → [g]: that car [ðæk kɑːr], good cake [gʊg keɪk]
  c. 硬口蓋音化
    後ろにある硬口蓋音 [ʃ] の影響で前の [s, z] が [ʃ, ʒ] に同化する。
    [s] → [ʃ]: nice shot [naɪʃ ʃɑt]
    [z] → [ʒ]: has she [həz ʃiː] → [həʒ ʃiː] → [həʃ ʃiː]

d. 無声音化

後ろにある無声音の影響で前の有声音が無声音化する。無声音化はすべての有声音に起こるが、以下の例に見られるように、摩擦音で著しい。

[v] → [f]:　ha*v*e to [hæf tə]
[ð] → [θ]:　wi*th* thanks [wɪθ θæŋks]
[z] → [s]:　ha*s* to [hæs tə]
[ʒ] → [ʃ]:　gara*g*e sale [gəraːʃ seɪl]

(3) 相互同化

a. 口蓋音化

歯茎閉鎖音 [t, d]、歯茎破擦音 [ts, dz]、歯茎摩擦音 [s, z] と硬口蓋半母音 [j] が合体し、[tʃ, ʤ, ʃ, z] に同化する。

[s] + [j] → [ʃ]:　mi*ss y*ou [mɪʃuː]
[z] + [j] → [ʒ]:　i*s y*our [ɪʒʊɚ]
[t] + [j] → [tʃ]:　wan*t y*ou [wɑntʃuː]
[d] + [j] → [ʤ]:　woul*d y*ou [wʊʤuː]

b. 歯擦音化

歯茎閉鎖音 [t, d] は歯茎・硬口蓋音 [ʃ] と合体し、[tʃ] に同化する。

[t]+[ʃ] → [tʃ]:　bu*t sh*e [bətʃiː]
[d]+[ʃ] → [tʃ]:　goo*d sh*op [gʊtʃɑp]

1.3.3.2. 異化

同化とは逆に、ある音が近接する音と同一になるのを嫌って消失したり別の音になったりすることがある。この現象は異化と呼ばれる。現代英語に見られる子音の文脈上の異化は、そのほとんどが後の音によって前の音が消失する逆行異化 (Regressive Dissimilation) である。

(1) [r, n, d] の異化

同一語中、2 つの [r, d, n] が近接すると、どちらかの [r, d, n] が異化によって消失する。([ø] はゼロ、すなわち、音の消失を意味する。)

[r] → [ø]: su*r*prise [sərpraɪz] → [səpraɪz], lib*r*ary [laɪbreri] → [laɪbri], qua*r*ter [kwɔːrtər] → [kwɔːtər]
[n] → [ø]: gover*n*ment [gʌvərnmənt] → [gʌvərmənt], enviro*n*ment [ɪnvaɪrənmənt] → [ɪnvaɪrəmənt]
[d] → [ø]: can*d*idate [kændɪdeɪt] → [kænɪdeɪt]

(2) [ʃ] の異化

同一語中、2つの [ʃ] が近接すると、前の [ʃ] が異化により [s] に置き換えられることがある。

[ʃ] → [s]: asso*c*iation [əsoʊʃieɪʃən] → [əsoʊsieɪʃən], appre*c*iation [əpriːʃieɪʃən] → [əpriːsieɪʃən]（竹林 1996, p. 354）

参考文献

Bronstein, A. J. (1960) *The Pronunciation of American English*. Appleton-Century-Crofts.
Pullum, G. K. and Ladusaw, W. A. (1986) *Phonetic Symbol Guide*. The University of Chicago Press.
Gimson, A. C. (Revised by Alan Cruttenden) (2008) *Gimson's Pronunciation of English*. Hodder Education.
川越いつえ (1999)『英語の音声を科学する』大修館書店.
Ladefoged, P. (2006) *A Course in Phonetics*. Thomson.
枡矢好弘 (1975)『英語音声学』こびあん書房.
御園和夫 (1995)『英語音声学研究』和広出版.
小川直義・井上信行・牟田美信 (2000)『現代英語音声学』泰文堂.
小川直義・井上信行・天藤勝 (1991)『英語音声学演習』泰文堂.
Roach, P. (2000) *English Phonetics and Phonology*. Cambridge University Press.
竹林滋 (1996)『英語音声学』研究社.
東後勝明・御園和夫（編）(2009)『英語発音指導マニュアル』北星堂.
Wells, J. C. (2008) *Longman Pronunciation Dictionary*. Longman.
安井泉 (1992)『音声学』開拓社.
Yasui, M. (1962) *Consonant Patterning in English*. Kenkyusha.

（小川直義）

2. 超分節音声学・音韻論

2.1. リズム

2.1.1. リズムとは

我々は日常生活においてリズムという言葉を多用する。例えば、生活のリズムが崩れたので体調が崩れたとか、リズム感がないので楽曲にテンポを合わせるのが苦手といった言葉を誰しも耳にしたことがあるだろう。ここでいう生活の「リズム」とは、規則的に繰り返し行われている日常生活行為を意味し、リズム感がないという際に使われる「リズム」とは一定の時間間隔で繰り返される音のパターンを意味している。つまり、「リズムとは一定の動作・行為が規則的に繰り返されること」と定義できる。原口(1996:130) に拠ると、この世の中のあらゆるものは一定のリズムをもって運行されており、大きく地球規模でいえば、四季も昼夜も規則的にやってくるのでリズムがあるといえる。言語におけるリズムも同様で、この「繰り返し」を意味している。

2.1.2. 言語のリズム

世界中には何百、何千という言語が存在するが、ことリズムという観点においては、世界中の言語をたった2種類に分類することが可能といわれている。英語、ドイツ語、ロシア語のように強勢が等時間隔で現れる強勢拍リズム言語とフランス語、イタリア語、日本語のように音節が等時間隔で現れる音節拍リズム言語である。言い換えれば、英語のように▶▶▶▶▶ といった具合に強勢音節と弱音節が入り混じり強勢音節が「繰り返し」である強勢拍リズムの言語と、日本語のように■■■■■■といった具合に均一な強さ長さを持った音節が「繰り返し」となる音節拍リズムの言語が存在するのである[1]。強勢拍リズムの言語では、音節の発話時間を調整することで強勢間隔を一定に保とうとする。つまり、▶▶▶ と

▶▶▶ の各強勢間の発話時間は、音節の数が異なるにもかかわらずほぼ一定になるということである。一方、音節拍リズムの言語ではこのような調整が行われず、各音節間が等時間隔で発話される為、発話の時間長さはそれを構成する音節の数によって決まってくるのである。

しかし本当に世界中の全ての言語をたった2種類のリズムタイプに分類することは実際に可能であろうか？ Dauer (1983) は代表的な言語のリズムを分析し、図1のように、日本語→フランス語→スペイン語→ギリシャ語→ポルトガル語→英語の順に強勢拍リズムに近づいていくと結論付けている。

Stress-based

Japanese　French　Spanish　Greek　Portuguese　English

図1: Stress-based languages (Dauer, 1983: 60)

これは英語から日本語に移行するにつれ音節拍リズムに近づくともいえる。つまり世界中の言語は、地理的方言と同じように、徐々に強勢拍リズムもしくは音節拍リズム に近づくと考えるのが妥当であろう。

2.1.3. 英語のリズム

英語は強勢拍リズム言語に属し、強く発音する強勢音節と、弱く発音する弱音節が存在する。英語母語話者の発話を観察すると、強勢音節 (▶) と弱音節 (▸) が混在するにもかかわらず、各強勢間の時間的な距離が一定に近づく傾向がみられる。この現象は、「等時性」と呼ばれ、英語のリズムを生み出していると考えられている。下記の2つの例文では、単語数は異なるが、強勢音節 (▶) の数は同じである。従って (1) と (2) はほぼ同じ長さで発話されることになる。そのためには、例えば (1) の drink と (2) の drinking their が同じ長さで発話されることになり、drink はしっかりと長く、drinking their は素早く短めに発話されることになる。また、(2) の drinking their のみについて考えてみると、これは3つの音節 (drink, ing, their) から構成されていることが分かる。しかしこれら3つの音節はそれぞれ同じ長さで発話されるのではなく、強勢音節 (drink) が弱音節 (ing, their) よりもしっかりと長く発話される傾向がある[2]。

(1) Girls   drink   tea.
   | ▶ | ▶ | ▶ |
   フット フット フット

(2) The girls are drinking their tea.
   ▸| ▶ ▸| ▶ ▸ ▸| ▶ |
     フット   フット   フット

　上記のように、強勢音節から次の強勢音節に至るまでの単位は「フット」と呼ばれ、フットは1つの強勢音節とそれに後続する弱音節から構成されている[3]。フットは強勢音節で始まるため、(2) の The はフットからはみ出してしまう。このはみ出した The の扱いには2つの考え方がある。まず1つはこのはみ出した部分が意味的に重要ではなく他の弱音節以上に速く発話されることから、これを余剰部 (anacrusis) としてフットの概念から除外する考え方であり、本稿ではこの考え方に沿っている。もう1つの考え方は、下記の (3) のように、The の前に無音強勢 (∧) が先行するというものである。この考え方を導入すると、文頭の The もフットの一部となり、文全体ではフットが1つ増すことになる。

(3) The girls are drinking their tea.
   |∧▸| ▶ ▸| ▶ ▸ ▸| ▶ |
    フット フット   フット   フット

2.1.4. 内容語と機能語

　既に 2.1.3. で述べたように、フットとは強勢音節から次の強勢音節に至るまでとして説明される。ここでいう強勢とは、単語レベルの強勢（語強勢）のことではなく、文レベルの強勢（文強勢）のことである。全ての単語は潜在的に強勢を受けるが、単語が結びつき文となると、強勢を受ける

語と強勢を受けない語に分けられる。強勢を受ける語は、文の意味内容を理解する上でその語自体が重要であるため「内容語」と呼ばれ、強勢を受けない語は、意味上重要ではなく語彙をつなぐ文法的機能を果たすため「機能語」と呼ばれている。内容語には名詞、動詞、形容詞、副詞、疑問詞、数詞、指示詞、間投詞などが挙げられ、機能語には前置詞、接続詞、冠詞、人称代名詞、be 動詞、助動詞、関係詞などが挙げられる。従って、例えば My father will buy a Japanese car. の文に強勢を与えると (1) のようになる。

(1) My father will buy a Japanese car.
　▸ | ▶ ▸　▸ |▶▶ ▸　▸ |▶|▶|

(2) My father will buy a Japanese car.
　▸ | ▶ ▸　▸ |▶　▸ |▶　▸▸ |▶|

　もし (1) の文において、My(人称代名詞) や will(助動詞) に強勢を与えて発話すると、強調や対比といった特別な意味が生じてしまう恐れがある。また (1) の文は、Japanese と car の強勢が衝突 (stress clash) しているため、(2) のように Japanese の強勢を前方の第二強勢へと移動 (stress shift) させることも頻繁にみられる。

　(2) のように強勢移動が生じた場合は、結果として等時性が得やすい強勢配置となることが原則である。強勢移動は必ずしも生じるというものではないが、英語のリズムや等時性を考える上では、非常に重要な現象である（2.3. 参照）。

2.2. 等時性に関する研究

2.2.1. 等時性という概念が生まれた背景

　英語の強勢が等間隔に繰り返し生じる、「等時性」という概念は、Abercrombie (1964: 222) によると 18 世紀後半に生まれたが、この概念が言語学者の間で注目されるようになったのは Pike (1945) と Abercrombie

(1964) に拠るところが大きいといえる。特に、Abercrombie (1964: 217) が、等時性が生じる強勢間を「フット」(foot: 脚) と名付けたことで英語のリズム構造を理論的・体系的に説明することが容易になり、日本の英語教育においてもこの考えが浸透した。既に 2.1.3. では Abercrombie (1964) に沿って説明しているが、Abercrombie (1964) が提唱するフットの概念とは、1つのフットは1つの強勢音節で始まり、それで終わるか、あるいは引き続き不定数の弱音節が後続するというものであり、下記の例のようにフットの境界は語や文法的境界と必ずしも一致するとは限らないのである。

例) | Walk |down the |path to the |end of the ca|nal.| (Roach, 2009:135)

Abercrombie (1964) 以降、多くの言語学者が英語のリズムに関する理論を打ち立ててきたが、現在においても Abercrombie (1964) の理論が最も支持を受けているといえる。日本の英語教育を見渡すと、フット単位で英語のリズム指導がなされていることからもこの点は明らかであろう。

2.2.2. 等時性に対する反論

Abercrombie (1967) が強勢間をフットと定義してから、等時性はフット間に生じる現象として認識されてきたが、その一方で、等時性という現象を音響学の立場から反論を唱える研究者も多くみられる。この研究に関して、古くは kymograph の登場により Classe (1939) が生成面から英語の強勢間の発話時間を測定している。Classe (1939: 85) は等時性を完全に否定したわけではないが、等時性を得ることができるのは、限られた発話条件下のみであると述べている。その後、音響分析器の飛躍的な進歩に伴って、言語直感に基づいた英語フットの等時性に疑問を投げかける実証的音声リズム研究が次々と報告されてきた。中でも、Shen & Peterson (1962) が等時性を初めて実証的に否定したとして知られている。Shen & Peterson (1962) は、被験者が発話した散文の各強勢の発話時間を測定したところ、強勢間が等間隔に発話されるとは言い難いほど大きな差が生じており、厳密な等時性は存在しないと述べている。この実験報告は多くの

言語学者・音声学者の関心を呼び、その後産出の面に焦点をあてた類似実験が多数報告されてきた。それらの報告結果はいずれも、客観的な数値としてフット間を測定すると、フット間の長さにはかなりの変動がみられることから、等時性は主観的な聴覚印象に基づいたものであり、言語の生成面において等時性は存在しないと結論付けている (Bolinger, 1965; O'Connor, 1965; Lea, 1974; Nakatani, O'Connor & Aston, 1981)。

2.2.3. 等時性を支持する研究

生成面に焦点をあてた等時性が音響実験により否定されたことにより、多くの研究者が等時性は聞き手の知覚レベルに存在するものと考えるようになった。実際、様々な知覚実験を通して英語フットの等時性が妥当な現象であることが立証されてきた。これらの実験によると、英語母語話者は実際の発話時間よりもフット間を等時間隔に知覚しているというのである (Lehiste, 1977; Donovan & Darwin 1979; Benguerel & D'Arcy, 1986)。さらに Lehiste (1977) は、聴き手が発話時間差を識別するには 30ms から 100ms の長さが必要であり、30ms 以下の時間差を識別することはできないと述べている。つまり、フット間の時間差が 100ms 以下の発話は、各フットを等時間隔に知覚する可能性があるといえ、英語の等時性が心的実在として存在することは主に知覚実験により証明されてきた。それでは、等時性は心理的なものであり物理的には存在しない現象なのであろうか？確かに多くの音響実験から、厳密な物理的等時性は存在しないということに異論を唱えるものはいないであろう。しかし、等時性を得ようとする心理が存在していることを音響データから考察することも可能である。例えば、Halliday (1985: 272) がフットの発話時間を測定したところ、音節数が増す毎にフットの発話時間は増加しているが、たとえ 1 音節から 2 音節のフットへと音節数が倍増しても、そのフットの発話時間の増加比率は 20％程度にすぎないのである。このデータは、厳密な物理的等時性が存在しないことを裏付けると同時に、フット間に等時性を与えようとする心理が働いたことを物理的な数値として示しているといえる。

| フット内の音節数： | 1 | 2 | 3 | 4 |
| 発話時間の相対比： | 1 | 1.2 | 1.4 | 1.6 |

(Halliday, 1985: 272)

さらに知覚面においては、英語母語話者が実際の発話時間よりもフット間を等時間隔に知覚すること (Lehiste, 1977; Donovan & Darwin 1979; Benguerel & D'Arcy, 1986)、特に、30ms 以下の発話時間差を識別することは困難であることが分かっている (Lehiste, 1977)。これらを踏まえて上記のデータを再度考察してみると、英語母語話者はフット間に等時性を与えようとして発話する傾向があり、さらに聞き手の側では、フット間を実際の発話時間以上に等時間隔に聞き取る傾向があるため、上記の発話時間の相対比はより一定の比率に近づくのである。

2.3. 強勢配置からみる英語のリズム

第2節では、等時性に関してどのような研究がなされてきたのか論じてきた。等時性の妥当性については言語学者の中でも意見が分かれるところである。結局、どのレベルから等時性について考えるのか、どの程度までの差を許容範囲として等時性を認めるのかが問題といえよう。本節では、強勢の配置に焦点を絞り、英語のリズムがいかに規則的なものに近づこうとしているのか、幾つかの例を挙げて概説する。

仮に英語のリズムが規則的なものならば、発話の経済原理から考えて2つの現象が生じると推測できる。それらは、各強勢の距離が近いときは距離を保とうと、反対に、距離が離れているときは距離を近づけようとする現象である。

2.3.1. 強勢移動

英語のリズム、すなわち強勢拍リズムを支持する現象の主たるものは、強勢移動である。つまり各強勢があまりにも隣接する場合には各強勢の距

離が離れるように強勢が移動し(衝突回避)、反対に、各強勢があまりにも離れてしまう場合には各強勢の距離を近づけようと強勢が移動する(間隙回避)と考えられる(田中、2005: 57)。このように語順に頼らず強勢移動によって規則的なリズムを保とうとする現象はリズム規則と呼ばれ、音韻レベルではこの規則に沿ってリズムが頻繁に説明される (Liberman & Prince, 1977; Selkirk, 1984)。

田中 (2005: 58) はリズム規則を以下のように説明している[4]。
　衝突回避：語アクセントと語アクセントの間に、少なくとも弱音節が2つはなければならない。

　間隙回避：語アクセントと語アクセントの間は、多くとも弱音節が3つまであってよい。

リズム規則は、第二強勢と主強勢の間で行われる現象であり[5]、厳密には無強勢と第二強勢を別に提示する必要がある。しかしここでは各音節間における強勢の移動を示すことが目的なので、本稿では第二強勢と無強勢を同一の記号で示している。また、リズム規則に基づいた強勢の移動は通常、前要素の強勢が直前の音節に移動する形で起こる。下記の (1) 〜 (3) では(田中、2005: 58–59 から引用)、リズム規則に基づいて (a) から (b) の型へと強勢が移動すると考えられる(* はリズム規則への違反を表す)。

(1) 衝突回避
　　(a) Thirteen men　　　(b) Thirteen men
　　　▸ ▶ ▶　　　　　　　　▶ ▸ ▶

　　(a) Waterloo Station　　(b) Waterloo Station
　　　▸ ▸ ▶ ▶ ▸　　　　　　▶ ▸ ▸ ▶ ▸

　　(a) Mississippi River　　(b) Mississippi River
　　　▸ ▸ ▶ ▸ ▶ ▸　　　　　▶ ▸ ▸ ▸ ▶ ▸

(2) 衝突回避と間隙回避
 (a) Winnipesaukee River (b) *Winnipesaukee River
 ▶ ▶ ▶ ▶ ▶ ▶▶   ▶▶▶ ▶ ▶ ▶▶

(3) 間隙回避
 (a) Minneapolis River (b) *Minneapolis River
 ▶ ▶▶▶▶ ▶▶   ▶ ▶▶▶▶ ▶▶

 (1) では、各強勢間の弱音節が2つ以下なので、リズム規則では衝突回避の原理に反している。従って、(a) から (b) の型へと強勢移動が生じると考えられる。

 (2) では、(a) が衝突回避の原理に反するため同様に強勢移動が生じるはずであるが、それが今度は (b) で間隙回避の原理に反してしまうため、(2) では強勢移動は生じないと考えられる。これは間隙回避の原理が衝突回避の原理よりも優先されることを示している（田中、2005:59）。

 (3) では、もとより衝突回避の原理にも間隙回避の原理にも反していないため強勢移動は生じない。もし仮に強勢移動が生じた場合、間隙回避の原理に反することとなってしまうのである。

 リズム規則の現象は、英語の発話における一つの傾向を示したものであり、必ずしも起こるという規則ではない。しかし、英語が強勢拍リズム言語であることを示す重要な現象といえる。

2.3.2. 語順

 次に、英語の語順について考えてみる。下記の成句表現において、それぞれ (a) にあげた語順の方が (b) の語順よりも一般的である（窪薗 & 溝越, 2000:147 から引用）。これは (a) の語順の方が (b) の語順よりも強勢の間隔が一定に近づくため、結果、規則的なリズムとなるためである。このようにみれば語の配列にリズムが影響していることがわかる。

  (a) CUP and SAUcer (b) SAUcer and CUP
  ▶ ▶ ▶ ▶   ▶ ▶ ▶ ▶

(a) BREAD and BUTter (b) BUTter and BREAD
▶ ▸ ▶ ▸   ▶ ▸ ▸ ▶

(a) BED and BREAKfast (b) BREAKfast and BED
▶ ▸ ▶ ▸   ▶ ▸ ▸ ▶

(a) TEA and COFfee (b) Coffee and TEA
▶ ▸ ▶ ▸   ▶ ▸ ▸ ▶

(a) PART and PARcel (b) PARcel and PART
▶ ▸ ▶ ▸   ▶ ▸ ▸ ▶

(a) LAdies and GENtlemen (b) GENtlemen and Ladies
▶ ▸ ▸ ▶ ▸ ▸   ▶ ▸ ▸ ▶ ▸ ▸

(a) MEN and Women (b) WOmen and MEN
▶ ▸ ▶ ▸   ▶ ▸ ▸ ▶

(a) TIME and MONey (b) MONey and TIME
▶ ▸ ▶ ▸   ▶ ▸ ▸ ▶

(a) BOW and ARrows (b) ARrows and BOW
▶ ▸ ▶ ▸   ▶ ▸ ▸ ▶

2.3.3. 形容詞の比較級・最上級

　形容詞の比較級・最上級においてもリズムの影響が働き、規則的な強勢の配置へと向かう傾向がみられる。比較級・最上級の規則比較変化では、-er, -est という屈折語尾が付くものと、more, most という独立した語を用いて比較変化を表す2つのタイプがある。前者は屈折比較変化 (inflectional comparison) と呼ばれ、歴史的には英語本来のものであり、後者は迂言比較変化 (periphrastic comparison) と呼ばれ、中期英語期に主としてフランス語の影響によって始まったものである（石橋、1995: 182）。幾つか

の例外はみられるが、一般的に、1音節の形容詞は -er, -est（屈折比較変化）、3音節以上の長さの形容詞は more, most（迂言比較変化）、2音節の形容詞は両者のいずれかの比較変化が用いられると考えられている。このような使い分けも英語のリズム原理と一致する傾向にある（窪薗 & 溝越、2000: 159）。

(1) 1音節語の形容詞
　音節が1つの形容詞は、無強勢語尾の -er, -est をとることで、その直後の名詞との強勢衝突を回避できる。
　　(a) a bigger boy　　　　(b) *a more big boy
　　(a) the biggest boy　　　(b) *the most big boy
　　　　　　　　　　　　　　（窪薗 & 溝越、2000:159 から引用）

(2) 3音節以上からなる形容詞
　3音節以上の形容詞は、最終音節以外の音節に強勢が置かれることが通常であるため、その直後の語との間に強勢衝突を引き起こす恐れはない。従って、無強勢語尾の -er, -est を介する必要性はない。
　　(a) *a beautifulier girl　　(b) a more beautiful girl
　　(a) *the beautifuliest girl　(b) the most beautiful girl
　　　　　　　　　　　　　　（窪薗 & 溝越、2000:159 から引用）

(3) 2音節語の形容詞
　2音節語の形容詞については、理論上、-er, -est もしくは more, most のいずれかが用いられるわけであるが、この選択は画一的なものではなくリズムに左右される場合もある。

　神谷 (2009) は40名の英語母語話者へのアンケート調査を通して、この点（すなわちリズムに基づいて -er, -est と more, most の選択がなされる）が妥当であることを明らかにしている。ここでは神谷 (2009) が実施した調査の中から、cruel という2音節語の形容詞について考えてみる。下記の (a),(b) では、more cruel を用いた (a) の方が強勢の配置が (b) より差の

小さい間隔となっている。従って、リズムに基づいた、より好ましい強勢配置は (a) となる。実際に神谷 (2009) が行った調査では、40 名中 34 名の英語母語話者が、(a) の方が自然な英語であると答えている。

(a) He was becoming more cruel to his pets.
▸ ▸ ▸▶ ▸   ▸   ▶▸▸▸ ▶

(b) *He was becoming crueler to his pets.
▸ ▸ ▸▶ ▸   ▶▸▸▸ ▶

一方、(c), (d) を比較すると、crueler を用いた (c) の方が (d) より差の小さい強勢間隔になっていることが分かる。アンケート調査では、40 名中 32 名の英語母語話者が、(c) の方が自然な英語であると答えている。

(c) She replied with a crueler smile.
▸ ▸▶   ▸ ▸ ▶ ▸   ▶

(d) *She replied with a more cruel smile.
▸ ▸▶   ▸ ▸ ▸   ▶ ▸ ▶

上記の実験結果について、統計学上は更なる被験者数が必要と考えられるが、約 8 割の英語母語話者が同様の選択をしたことを鑑みると、形容詞の比較級の選択においてリズムの影響が働くことは間違いなさそうである。

2.3.4. 言い間違い

英語のリズムを支持する研究に言い間違いの分析がある。実際の発話を分析してみると、その発話には余剰語や音節の添加や無強勢音節の消失といった言い間違いが見られることがある。これらの言い間違いは非文法的な文を産出してしまうことになるが、その産出された文は、文法的に正しく産出される発話よりも、リズムの観点からみると、より一定の強勢配置へと近づいている（窪薗 & 溝越、2000:168）。つまり、(b) の方が音節添加の結果、強勢の衝突を避け、より優れたリズム構造となっている (Bolinger, 1965)。

(a) This is as good water as you'll find anywhere.
(b) This is as good a water as you'll find anywhere.

(窪薗 & 溝越、2000: 168 から引用)

　一方、強勢と強勢の間が空きすぎる場合にこの状態を是正しようとして音節が消失する言い間違いもみられる (Cutler,1980)。この言い間違いは普通、無強勢音節が連続している文脈で起こり、その無強勢音節が1つか2つ消失する（窪薗 & 溝越、2000:169）。その結果、前後の各フットの音節数が類似し、より一定のリズム構造となる。つまり、(d) の方が音節消失の結果、強勢の空きを避け、より優れたリズム構造となっている (Cutler, 1980)。

(c) ... question can not be appropriately interpreted
▶ ▸ ▸ ▶ ▸ ▸▶ ▸▸▸ ▸▶ ▸ ▸

(d) ... question can not be approprally interpreted
▶ ▸ ▸ ▶ ▸ ▸ ▶ ▸ ▸ ▸ ▶ ▸ ▸

(窪薗 & 溝越、2000: 169 から引用)

2.4. まとめ

　本節では、英語のリズムについて特に等時性という視点から概観した。生成面から英語の等時性を否定する研究も報告されてきた一方で、知覚実験により英語母語話者の頭の中に等時性が心的実在として存在していることも明らかである。さらに、厳密な物理的等時性が観察されないことを踏まえながらも、産出実験を通して、フット間の発話時間が一定の数値に近づく傾向も確認されている。これは物理的な数値つまり生成面から、話者が等時性を得ようとする心理を読み取る事も可能ということである。さらに、本節で紹介した強勢配置に関する諸現象は、全て強勢間の距離を一定に保とうと働くものであり、好ましい英語のリズムへと向かうものといえる。

注

[1] 厳密には、日本語はモーラ拍リズム言語というべきである。モーラとは音節を部分的に分解した単位であり（窪薗 & 本間、2002:17）、音節よりも一段階層の低いものである。つまりモーラ拍リズム言語と音節拍リズム言語は異なるリズム構造を有しているといえる。しかし強勢拍リズム言語を引き合いにだした時、モーラ拍リズム言語と音節拍リズム言語は性格が非常に似通っているため、本稿では日本語を音節拍リズム言語の1つとして扱っている。

[2] 強勢を受けた母音は、強勢を受けない母音よりも約50％長くなるという研究報告がある (Lehiste, 1970)。これは強勢音節の方が弱音節よりも約50％長くなるとほぼ同様の意味である。

[3] フットを構成する音節数については様々な所見があり、最大で6つという研究者 (Halliday, 1985) から音節数が4つになると等時性は観察されなくなるという研究者 (Uldall, 1971) までいる。

[4] 田中 (2005:58) の語アクセントは、本稿では強勢のことを意味する。

[5] 本節では便宜上、第二強勢としたが、強勢を何段階まで認めるかについては議論が分かれる

参考文献

Abercrombie, D. (1964) "Syllable quantity and enclitics in English." In Abercrombie, D., Fry, D. B., MacCarthy, P. A. D., Scott, N. C. & Trim, J. L. M. (eds.), *In Honour of Daniel Jones: Papers Contributed on the Occasion of His Eightieth Birthday 12 September 1961*, (pp.216–222) London: Longman.

—— (1967) *Elements of General Phonetics*. Edinburgh: Edinburgh Univ. Press.

Benguerel, A. & D'Arcy, J. (1986) "Time-warping and the perception of rhythm in speech," *Journal of Phonetics*, 14, 231–246.

Bolinger, D. L. (1965) "Pitch accent and sentence rhythm." In Abe, I. & Kanekiyo, T. (eds.), *Forms of English: Accent, Morpheme, Order*. Tokyo: Hakuousha.

Classe, A. (1939) *The Rhythm of English Prose*. Oxford: Basil Blackwell.

Cutler, A. (1980) "Syllable omission errors and isochrony." In Dochert, H.W. & Raupach, M. (eds.), *Temporal Variables in Speech*, The Hague: Mouton, 183–190.

Dauer, R. M. (1983) "Stress-timing and syllable-timing Reanalyzed," *Journal of Phonetics*, 11, 51–62.

Donovan, A. & Darwin, C. J. (1979) "The perceived rhythm of speech," *Proceedings*

of the Ninth International Congress of Phonetic Sciences, 2, 268–274. Copenhagen: Institute of Phonetics.
Halliday, M. A. K. (1967) *Intonation and grammar in British English*. The Hague: Mouton.
—— (1985) *An Introduction to Functional Grammar* London: Edward Arnold.
Lea, W. A. (1974) "Prosodic aids to speech recognition: A general strategy for prosodically-guided speech understanding." *Univac Report* No.PX10791. St.Paul, Minn.: Sperry Univac, DSD.
Lehiste, I. (1970) *Suprasegmentals*. Cambridge, Massachuesetts: MIT Press.
—— (1977) "Isochrony reconsidered," *Journal of Phonetics*, 5, 253–263.
Liberman, M. & Prince, A. (1977) "On stress and linguistic rhythm," *Linguistic Inquiry*, 8(2), 249–336.
Nakatani, L. H., O'Connor, K. D. & Aston, C. H. (1981) "Prosodic aspects of American English speech rhythm," *Phonetica*, 38, 84–106.
O'Connor, J. D. (1965) "The perception of time intervals." *Progress Report*, 2, Phonetics Laboratory, University College, London, 11–15.
Pike, K. L. (1945) *The intonation of American English*. Ann Arbor, Mich.: Univ. of Michigan Pr.
Roach, P. J. (2009) *English Phonetics and Phonology: A Practical Course*, 4th ed. Cambridge: Cambridge Univ. Press.
Selkirk, E. O. (1984) *Phonology and syntax: The relation between sound and structure*. Cambridge, MA: MIT Press.
Shen, Y. & Peterson, G. G. (1962) "Isochronism in English." *Studies in Linguistics, Occasional papers*, 9, 1–36. Dept. of Anthropology and Linguistics, Univ. of Buffalo., Buffalo, NY.
Uldall, E. T. (1971) "Isochronous Stresses in R.P.," *Hammerich-Jakobson-Zwirner*, 205–210.
石橋幸太郎（編）(1995)『現代英語学辞典』東京：成美堂.
神谷厚徳 (2009)「英語のフット構造と形容詞の比較変化に関する一考察」『THE JASEC BULLETIN』18(1), 111–120.
窪薗晴夫 & 本間猛 (2002)『音節とモーラ』東京：研究社.
—— & 溝越彰 (2000)『英語の発音と英詩の韻律』東京：英潮社.
田中伸一 (2005)『アクセントとリズム』東京：研究社.
原口庄輔 (1996)『音韻論』東京：開拓社.

（神谷厚徳）

2.2. イントネーション

2.2.1. イントネーションの定義

　イントネーションの定義をすると、次のようになる。「よく「あの人に言われた内容はともかく、あの人の言い方が気に入らなかった」というようなセリフを耳にすることがある。例えば、文中のある特定の単語を強く発音したり、高い調子で言ってみたり、わざと引き伸ばして皮肉っぽく言う言い方などが考えられる。中でも、声の高低、すなわちピッチの変化によって話し手が伝えたい意図 (intention) をさまざまに表そうとすることは、皮肉を言う場合に限らず、私たちの言語音によるコミュニケーションの中で常に行われていることである。このように、話し手が情報を伝えようと意図的に作り出すピッチの変動をイントネーション (intonation) という。」というものである（佐藤・佐藤 1997, p.122）。

　要するに、イントネーションの違いがあれば、たとえ話し手の発話内容が同じであっても、聞き手によっては異なった印象を受けるということは当然ありうる。さらに言えば、日本語は英語に比べてイントネーションへの依存度が低い言語であるということがよく言われる。このことは、言語（イントネーション）の普遍性を考える上で大変重要な事実である。

　また、見方を変えれば、例えば次のようなことは言える。「行く↗」と上がり調子で言えば、相手への質問になり、「行く↘」と下がり調子で言えば、話し手の断定になる。また、英語でも"Going? ↗"と上昇調で言えば、相手に尋ねる文となり、"Going. ↘"と下降調）で言えば、自分の主張を伝えることになる（川越 1999, p.193）。この例では、日本語も英語も共に、イントネーションが同じ一定の役割を果している。つまり、この例からだけでは、違いがどこにあるのかわからない。換言すれば、日本語においてもイントネーションはある一定の役割を果しているということである。

　ちなみに、イントネーションは日本語では音調という言い方で呼ばれることが多いが、抑揚という言い方を好んで用いる研究者もいる（今井

2007, p.144)。しかし、ここではイントネーションと音調を全く同じ意味で用いることとし、抑揚は用いないことにする。

次にイントネーションの位置付けについて見ていくことにしよう。

2.2.2. イントネーションの位置付け

音声学・音韻論という学問分野において、イントネーションの位置付けがどのようになっているのかということについて、見ておくことにしよう。

   phonology — phonetics — prosody — intonation — sentence stress
     — phonemics — (suprasegmentals)
           $\updownarrow$
       segmental phonemes

（つまり、左側にある方が上位概念であり、右側に行くに従って下位概念になっている。）

ここで、三つのことに注意が必要である。

一つには、phonology（音韻論）、phonetics（音声学）、phonemics（音素論）の位置関係である。音声学とは音の生理学的・物理学的研究と分節、成分分析とを含む学問であり、音素論とは単位の認定、配列の記述を扱う学問である。この音声学と音素論という両分野を包括した学問分野のことを音韻論という。

なお、音素論という術語は特にアメリカの構造言語学で用いられているもので、今では音素論という術語が用いられる場面においても、音韻論という用語を使う方が一般的である（cf. 山崎他訳 1988, p.280）。

二つには、prosody（韻律、プロソディー）という専門用語である。山崎他訳 (1988, p.304) では、次のように書かれている。「音の大きさ、音の高さ (pitch)、発話リズム (speech rhythm) などに見られる変動を総称して韻律という」というものである。

まず、プロソディーが上位概念としてあり、その下にイントネーションとリズムが別の概念として同列に並んでいると考えてよいであろう。

また、prosody と suprasegmentals（supresegmetal phonemes とも言う）

とは、ほぼ同じことを表すと考えてよい。後者は超分節音素あるいはかぶせ音素と呼ばれており、特にアメリカの言語学者によって好んで用いられるようである。それと segmental phonemes（分節音素）——ある言語の母音と子音のこと——とが↔によって対立して描かれている。

　さらに、イントネーションの下に sentence stress（文強勢）が続いていることになる。本章（第2章）では、このプロソディー、イントネーション、リズムの3つがテーマになっているのである。

　三つには、文強勢ということのとらえ方である。この用語を聞いた限りにおいては、word stress（語強勢）と同じように考えてもよい概念のように考えがちである。両者とも強勢という語が同じように使われているため、そのような印象を受けるのであるが、実際はそうではない。次のように考えるとよい。

　内容語（名詞、形容詞、大部分の副詞に相当）に強勢を与え、機能語（冠詞、助動詞、前置詞、接続詞、関係詞、代名詞、不定詞の to、存在文の there に相当）に強勢を与えないことと、文法、形式、意味、文脈などにとって大事なところ、予測できないところを際立たせ、大事でないところや予測可能なところを際立たせないということとの間には密接な関係がある。この点に関して、<u>文強勢の位置の決め方と語の内部のアクセントの位置の決め方とは本質的に異なる</u>。アクセントの位置、例えば ánimal の á は im や al などより重要な意味があるからそこにアクセントがあるのではない。「後ろから3番目の」母音という形式 (form) が決めているのである。機械的 (mechanical) である。

—水光 1985, pp.87–8

　上述にあるアクセントという用語は、強勢と同じ意味であると考えてよい。語の内部のアクセントの位置の決め方は機械的であり、文強勢の位置の決め方はそうではないということが重要である。

　また、文強勢の問題というのは、強勢という名前が付いているので紛らわしいが、実はイントネーションが扱う問題なのである。

　例えば、次のペアーを比べてみよう。

(1) 　a. Have a nice ↘ trip.

　　　（楽しいご旅行を、いってらっしゃい）

b. Have a nice ↗ trip.
　　　　（旅行は楽しかったですか？）
　(2)　a. I fed her dóg biscuits.
　　　　〈私は彼女に犬用のビスケットを食べさせた〉
　　　b. I fed her dog bíscuits.
　　　　（私は彼女の犬にビスケットを食べさせた）
　(3)　a. George has pláns to leave.
　　　　（ジョージは設計図を持っていて、それを置いていくつもりだ）
　　　b. George has plans to léave.
　　　　（ジョージは立ち去るつもりだ）

　矢印（↘や↗）が用いられているのが基本的なイントネーションの用法であり、強勢記号（áなど）が用いられているのは文強勢がきている部分である。

　(1a)はこれからどこか旅に出かける人に言う表現であり、(1b)はどこか旅行から帰ってきた人に言う表現である。前者は下降調、後者は上昇調が用いられており、イントネーションの基本的な用法である。

　(2)と(3)の例は、(1)とは音調が多少異なった意味で使われていることに気がつく。(1)では単純に声が上がっているとか下がっているという問題であるのに対して、(2)と(3)では声の上がり下がりという面では、同じ下降調が使われているが、その下降調がどこにくるのかが問題となっている。

　　　　　　　　　　　　　　　　　　　　　―牧野 1977, p.184, p.197

　いずれにせよ、文中のある部分に（あるいは、ある部分から）大きなピッチの変化があるので、その他の部分とは明らかに際立った違いが聞き取れるので、本質的には両者ともイントネーションが扱う問題だということである。従って、文強勢はイントネーションの下位概念であるということになる。

　つまり、イントネーションは文強勢をも含めた比較的幅広い内容を表すものであり、プロソディーはさらに広範な概念を表すものであるということである。

2.2.3. イントネーションの機能

それでは、イントネーションはどのような機能を果しているのであろうか。渡辺 (1994, pp.227-53) で説明されている内容に基づいて見ていくことにしよう。

イントネーションの機能は4種類に分けることができる。

2.2.3.1. 文法機能

第1に、「文法機能」を持つ、ということである。Halliday の表現を借りれば、時制、数、法と同じ程度に文法的な働きをする (grammatical) ということである。典型的な例としては、イントネーションによる陳述文と主語を持つ命令文の区別のようなものであろう。

(4) a. You sit dówn.（陳述文）
    b. Yóu sit down.（命令文）

つまり、陳述文か命令文のどちらであるかは、文強勢の置かれる位置によって決まるということである。

もちろん、be 動詞が用いられていれば、両者の構造上の差は明瞭である。

(5) a. You are qúiet!（陳述文）
    b. Yóu be quiet!（命令文）   —渡辺 1994, p.193, p.227

2.2.3.2. 心的態度機能

第2に、話し手の心的態度を表す、ということである。話し手が興味とか熱意を持って言っているのか、無関心なのか、特定の内容に肯定的なのか否定的なのか、言っていることに自信があるのか、疑いを持っているのか、ためらっているのか、または、威嚇しているのか親切心からなのか、命令的なのか依頼しているのか、などの気持・態度はイントネーションに現れる、ということである。これを「心的態度機能」と呼ぶことにする。例えば、次のような付加疑問の典型的なパターンを思い出せば、話し手の心的態度に関係があることがわかる。

(6) a. He likes it, ↗ doesn't he?（確信がない）
    b. He likes it, ↘ doesn't he?（確信がある）

—渡辺 1994, pp.227-8, pp.237-8

さらに、次の例はどうであろう。

(7) a. You have lovely ↘ eyes.（君はきれいな目をしているね）
    b. You have lovely ↘↗ eyes.（君は目こそきれいだけれどね）

(7a) は下降調を使って普通に断定をしている。一方、(7b) は下降上昇調を用いていて、日本語訳にあるような意味合いを出しているのである。つまり、「目はともかく、ほかの造作は見られたものじゃない」とでもいうようなニュアンスを持っている。「目こそ」、「きれいだけどね」における下線の部分のような表現手段が日本語には備わっているので、日本語においてはイントネーションにあまり依存しないで済むのである。ところが英語においては、このような表現手段が言語に備わっていないので、日本語訳のような意味合いを出したければ、イントネーションは下降上昇調を使って発話をすることになる。要するに、日本語よりも英語の方がイントネーションへの依存度が高いということがわかり、2.2.1. で問題提起をしていたことへの解答になっている（cf. 今井 1989, pp.168–70）。

それから、この機能については従来から研究が盛んに行われてきたが、次のような例を取り上げて多少批判的な見方をしている研究者もいる。

(8) a. Won't you help me? — You are a ↗↘ nuisance.
    b. Won't you help me? — I'd be de ↗↘ lighted to.

(8a) のように、「私のこと手伝ってくれないかい？」に対する返答として、上昇下降調が使われると「批判的、挑戦的態度」を示すとされている（文頭の you は高い平坦調である）。意味も「お前はやっかいなやつだな」ということであるから、文の意味とイントネーションが表現する心的態度「批判的・挑戦的態度」とがうまく一致している例と言える。

しかし、(8b) の場合にはそうはいかない。「私のこと手伝ってくれないかい？」に対する返答として、「喜んで」と言っているのであるから、そこには何の「批判的・挑戦的態度」も見られないのである。何が原因でこのような矛盾が起きてしまったのであろうか。

実は、イントネーションが表現しているとされる態度・感情の記述に、文そのものの意味や、発話のコンテクストによって生ずる意味までが入り込んでしまったのである。換言すれば、(8a) の例のような場合においては、諸条件がうまく重なり合って、「批判的・挑戦的態度」といったニュ

アンスがたまたま出てきたと言えるかもしれないのである。つまり、ある
イントネーションによってどのような心的態度が表現できるのかというこ
とについては、少なくとも慎重に判断しなければならないということは言
えそうである（cf. 今井 1989, pp.175–6）。

事実、例えば下降上昇調（↘↗）が表すとされる意味に関して、研究者
によってさまざまな意味が提案されている。「警告・忠告」、「修正・反論」、
「対比」、「ためらい・ていねい」、「条件付き・明言回避」、「譲歩・妥協」、
「疑い・不信」、「強意」、「抗議」、「激励」、「謝罪・言い訳」、「警戒・慎重」、
「個人的意見」、「不快な知らせ」、「不確か」、「不快・反感」、「驚き」、「枠
内での焦点」、「背景」などである。これらの項目の中には一人の研究者だ
けが指摘している項目もあれば、複数の研究者が認めている項目もあり、
一様ではない（cf. 渡辺 1994, p.138）。

なお、基本的なイントネーション（下降調、上昇調、下降上昇調、上昇
下降調など）が表す意味については、渡辺 (1994) 参照。

2.2.3.3. 談話機能

第3に、談話の中でのイントネーションの働きで、例えば、情報構造の
中で新情報を持つ語と旧情報を持つ語を区別することは、その一つであ
り、これを「談話機能」と呼ぶことにする。代表的な理論としては、音調
を宣言音調 (proclaiming tone) と言及音調 (referring tone) の2種類に大別
する Brazil の考え方が挙げられる。すなわち、音調によって、発話を新
情報の部分と旧情報（対話の参加者同士の間ですでに共有されている共通
認識）の部分とに分けて提示するわけである。後者は言及音調と名付けら
れる下降上昇調（↘↗）で、前者は宣言音調と言われる下降調（↘）で示
される。この機能は、後述 (2.2.5.) するように、広く英語教育にも適用可
能であるので、筆者は一番大切な機能であると考えている（cf. 渡辺 1994,
p.228, p.240）。

2.2.3.4. スタイル機能

第4は、発話の種類がどういう言語使用域のものであるかを示すもの
で、例えば会話、ニュース放送、講演、教会での説教、詩の朗読、スポー

ツ放送などを区別する場合のイントネーションの役割のことを指し、これを「スタイル機能」と呼んでいる。英語がそれほど聞き取れなくても、聞いている英語が映画の会話なのか、ニュース放送の英語なのか、それとも詩の朗読の英語なのかは容易に理解できる。もちろん、それらの間の相違は、使用語彙の種類、文法構造の複雑さ、場面への参加者の人数、それに、彼らの場面への参加の仕方などが関係するにしろ、そういう要素が聞き手に明確でなくても、ジャンルの違いがわかるとすれば、音声的な特徴、特にイントネーションが重要な働きをしているのではないかと思われる。礼拝の際の祈り、街路での物売りとか競売人の独特の調子は、イントネーションと切り離して考えることはできない。さらに言えば、例えば、映画とか演劇で用いられる韻律的特徴、特にイントネーションは詩の朗読の場合とはかなり相違があるのではないかと想像される。これらいくつかの話しことばのスタイルの相違については、今まで十分な研究がなされてはいないようである。

―渡辺 1994, p.228, pp.241–2

　以上、イントネーションの機能について4つに分類して説明してきたわけであるが、明解なボーダーライン（境界線）が定まらない例もあるので、注意が必要である。それでも、イントネーションには主に4つの機能があるということを認識しておくことは大切なことであろう。

2.2.4. 英語におけるイントネーションの重要性

　英語においてイントネーションがいかに重要であるかということを、東後 (1978) はわかりやすい例を挙げながら説明している。
　単語や文法、発音が多少不備でも、相手の人（ネイティブ・スピーカー）は、「まあ外国人の話す英語だから」と許してくれます。また完全に間違っていても向こうで正しく直して聞いてくれます。例えば、We Japanese live on rice. を We Japanese leave on lice. と言ったとしても、笑って「あなたはこう言いたいのでしょ」ぐらいに正しく直して聞いてくれます。ところがイントネーションを誤った時にはそうはゆきません。つまり、ことばの調子への反応は、ことばの内容（語の意味）より前に、本能

2.2. イントネーション

的に身体で受け止められるものですから、そこには「相手は外国人だから今こういう調子で言ったけど、多分このつもりでこういう調子で言いたかったのだろう」などと考え直しているひまはありません。間髪を入れず反応をし、怒り出したり、喜んだり、悲しんだりしはじめます。例えば相手が

Would you like to spend next weekend with us at Karuizawa?

（来週末軽井沢で一緒に過ごしませんか）

と言ってくれたのに対し、うっかり

Thank you. を（↗）

と尻上りで言ってしまったとします。相手は二度とあなたを誘ってくれないでしょう。なぜならば、この調子は非常に事務的で、ただ口先で「どうも」と言う時の調子だからです。いったん間違ってこのように言ってしまえば、相手の人は Thank you. ということばの意味よりもその調子、つまりイントネーションに反応してしまい、理屈を抜きにし、理性を超えたところで、「なんだせっかく親切に言ってやったのに、もう知らないぞ」と反応してしまっているわけです。ことばの間違いは説明で解ってもらえても、こうした気持の誤解はなかなか解けません。ここに正しいイントネーションの大切な役割があるわけです。

—東後 1978, pp.21–2

　このように、ことばの内容（語の意味）より前に、本能的にことばの調子（イントネーション）に反応してしまうということであれば、leave と live、rice と lice の発音の区別などより先に、Thank you. やその他日常的によく使われる表現のイントネーションを規則だててしっかりマスターすることが肝要であるということになる。確かに、このようなことは日常的によく起こりうることではあろうが、少し違った見方をしている学者もいる。Roach (1991[2], p.168) では、"I have witnessed many occasions when foreigners have unintentionally caused misunderstanding or even offence in speaking to an English person, but can remember very few occasions when this could be attributed to "using the wrong intonation" except when a mistake caused a difference in apparent grammatical meaning."（外国人が英語話者と話していて、無意識のうちに誤解されたり、失礼なことを言ってしまったりするのを何回も見ているが、「間違ったイントネーションの

使用」がその原因となっている場合はほとんどない。ただし、イントネーションの違いが明らかに文法的な意味を変えてしまう場合は別である。(島岡・三浦訳 1996) と書かれている。

　どちらの考え方が現実により近いものであろうか。一概には決めつけられないが、イントネーションの使い方を間違ってしまうと、思わぬ誤解を招く恐れがあるということは言えそうである。

　次にイントネーションのことなどあまりやかましくないはずの日本語（英語よりもイントネーションへの依存度が低い言語）でも、次のような例では誤解を生じてしまうことがありうる。例えば、買ったばかりのサイクリング車かなんかに乗ってきたA君と、同級生のB君の会話を2つの場面に分けて考えみましょう。

　〈会話の(1)〉　A：「どうだい？　カッコいいだろう？」
　　　　　　　　B：「すげーや。ちょっといいかい？」
　　　　　　　　A：「**乗んなよ。**」
　　　　　　　　B：「サンキュー。」
　〈会話の(2)〉　A：「どうだい？　カッコいいだろう？」
　　　　　　　　B：「すげーや。ちょっといいかい？」
　　　　　　　　A：「**乗んなよ。**」
　　　　　　　　B：「ちぇッ。ケチ。」

　会話(1)と会話(2)は、「乗んなよ。」までは全く同じなのに、どうしてそのあとのB君のことばが、会話(1)では「サンキュー。」で、会話(2)では「ちぇッ。ケチ。」になるのでしょう？　つまり、これは文字としては全く同じでも、A君の「乗んなよ。」のイントネーションが違うわけです。日本語のことですから、そのイントネーションがどう違うのかは説明するまでもないと思いますが、意味としては、会話(1)の「乗んなよ。」は「乗りたまえよ。」というのであるのに対して、一方会話(2)の「乗んなよ。」は「乗るなよ。」というわけです。

　　　　　　　　　　　　　　　　　　　　　　　—安田 1976 pp.104–5

　それに対して、イントネーションのやかましい英語になると、使いどころの間違ったイントネーションは致命的であると言えよう。この例も安田(1976) からのものである。

2.2. イントネーション

例えば、混んだ電車の中で、BさんがAさんの足を踏んづけている場面の会話を例に出します。

A：You're stepping on my foot.
B：Pardon me?（↗）
A：YOU ARE STEPPING ON MY FOOT.
B：Oh, Pardon me.（↘）

同じ Pardon me でも ［Pardon me（↗）］は「おそれ入りますが、もう一度おっしゃって下さい。」の意味ですが、［Pardon me（↘）］になりますと、「どうもすみません」とか「お許し下さい」という意味に変ります。従って、この会話で、もしBさんが2番目の Pardon me にも ［Pardon me（↗）］を使ったとしますと、おそらく次の瞬間に向こうずねかなんかを蹴っ飛ばされているにちがいありません。

同じような例をもう一つ挙げてみましょう。

A：Bob said to me, "You're really stupid."
B：What did you say?（↗）
A：Bob said I was really stupid.
B：What did yóu say?（↘）
A：I said, "No more than you are."

これを翻訳しますと、

A：ボブがね、「お前は本当にバカだよ」って僕に言ったんだよ。
B：何だって？　もう一度言ってよ。
A：ボブが僕のことを本当にバカだって言ったんだよ。
B：君は、何て言ってやったんだよ？
A：「おまえほどじゃないよ」ってね。

と、こういう意味の会話ということになりますが、この会話でも、文字としては全く同じ形をした What did you say? がイントネーションの違いによって、完全に別の意味に使い分けられています。

このように、英語の意味に対して、イントネーションが果す役割りは非常に大きなもので、場合によっては、イントネーションだけが文の意味を決定する「きめて」になることもあるわけです。実際いって、活字に組まれた文字のようなものは、人間の言語の本当の姿である音声を写し取るた

め、はなはだ不完全な「しくみ」にすぎないとも言えるわけですから、イントネーションが活字に組まれないからといって、これを無視したのでは「生きた英語」を殺してしまうのと同じことになるわけです。

—安田 1976, pp.106–7

　日本語と英語の両言語を通して、日常的な場面におけるイントネーションの使用例を見てきた。研究者によって多少意見に違いがあるものの、イントネーションが重要であるということに変りはないであろう。

2.2.5.　談話のイントネーションと英語教育への応用

　2.2.3.3. において、イントネーションの談話機能について、ごく簡単に述べた。イントネーションの談話機能という観点から見れば、いくつかの有力な理論があるようである (cf. 渡辺 1994, pp.239–41)。その中でも理論の明解さおよび英語教育への適用可能性ということを追求するならば、Brazil の音調理論が一番有益であろう筆者には思われるので、この項ではこの理論について詳しく見ていくことにしよう。

2.2.5.1.　Brazil の音調理論の概要

　Brazil, Coulthard & Johns (1980)、渡辺 (1994) および島岡・前沢 (1988) に基づいて考察していく。

　話し手は聞き手に対して伝達行為を行う場合、大別すると、新しい情報（新情報）を伝えるかそれとも共通する情報（旧情報）に言及するかのいずれかであると彼らは主張する。新情報を伝達する音調のことを proclaiming tone（宣言音調）と言い、共通情報を伝達する音調のことを referring tone（言及音調）と言う。これらの音調は、それぞれ p および r のように、以下では略して表記される。

　実際の音調としては、p は下降調（↘）に相当し、r は下降上昇調（↘↗）に相当している。

　例えば、次の例を見てみよう。

　　(9)　a.　// r when I've finished *Agatha* (↘↗) *Christie* // p I will read *Sidney* (↘) *Sheldon*.

b. // p when I've finished *Agatha* (↘) *Christie* // r I will read *Sidney* (↘↗) *Sheldon*.

上の2つの文では、下降調と下降上昇調がそれぞれ入れ替っているが、そのために談話上の意味も対照的になっている。わかりやすく説明すると次のようになる。(9a) では、私が Agatha Christie を読んでいることを知っている人に対して言っており、「次に Sidney Sheldon を読む」ことを新しい情報として相手に知らせているわけである。(9b) では、話し手が Sidney Sheldon を読むということは聞き手の頭の中には何らかの形で存在しており、話し手は「いつ読むか」ということを、新しい情報として伝達していることになる。

以上の例からわかるように、下降上昇調は情報を話し手と聞き手の間で、すでに共有されているものとして提示するのに対して、下降調は新情報として持ち出している。換言すれば、下降上昇調は、単に対話の参加者の意識に共通して存在する事柄に言及するにすぎないという意味で言及音調と呼ばれ、「例のあのことだが」という感覚に似ている。下降調はこれに対して、「これから重要なことをあなたに告げますよ」という含みがあり、宣言音調と呼ばれている（cf. 渡辺 1994, p.70）。

これらの下降調と下降上昇調が基本的な音調で、いわば無標とも言うべきものである。つまり、基本的には、この2つの音調の二項対立ということになり、大変明解な考え方である。

(9) の例では、従属節＋主節という組合せ（パターン）になっているが、(10) の例のように、主節＋従属節というパターンになっても一向に構わない。

(10) a. // p I will read Sidney (↘) Sheldon // r when I've finished Agatha (↘↗) Christie.
b. // r I will read Sidney (↘↗) Sheldon // p when I've finished Agatha (↘) Christie.

従来の音声学の本には、例えば (9) のように、when で始まる従属節が主節の前にきた時には、その最後は軽い上昇調になる（あるいは、平坦調になる）という記述がごく普通になされていたが、Brazil の音調理論にはそのような決まりはない。すなわち、話し手の発話の意図によって、(9)

と (10) のそれぞれのペアー（合計4つの音調パターン）のいずれで言うことも可能であるということになる。このように Brazil 理論を用いて説明を試みてみると、伝統的な音声学の本に載っている記述よりも応用範囲が広く、説明能力に優れているということがわかるのである。

また、どのような情報を宣言し、どのような情報を言及すべきかという判断は、絶えず話し手の関心事であり、その時その時になされる会話状況の評価に基づいて決定されるということである。

Brazil は make moment-by-moment decisions という言い方をして、時々表現している。次の (11) の例は、患者が医者に向かって自分の湿疹の具合を訴えている場面である。

(11) // r I've come to SEE you // p with the RASH // r I've got on my CHIN // p and underNEATH // r which has deVELoped // p in the past three DAYS // r I FIND it's IRritating // r and at WORK // r with the DUST // r us being a CLOTHing factory // r well I find it's IRritating // p makes me want to SCRATCH it //.
(//r 診ていただきたいのは //p 湿疹が //r 顎の上や //p 下に //r 出来てきて //p この3日間ほど //r とてもかゆいのです //r 職場が //r 埃で //r そこが衣服工場でして //r もうかゆくて //p 掻きたくなるんです //)

―吉村他訳 1999, pp.178–9

さらに Brazil 理論では、この2つの音調に加えて、強意音調 (intensified tones) とも言うべきタイプの音調（有標な音調）を設定している。下降調の代わりには上昇下降調、下降上昇調の代わりには（高）上昇調がそれぞれ強意タイプとして用いられるというのである。なお、話者が宣言音調とか言及音調とかの区別を避けたい場合の中立音調として、低上昇調 (the low rise) と平坦調 (the level) をさらに設けている。この中立音調は、宣言と言及の判断を聞き手に任せた音調で、特に低上昇調は幼い子供に話をしてやる時とかニュースの主な項目に用いる音調であるようである。基本的には二項対立であるが、詳しく見ると合計5つの音調に分類されていることがわかる。

これら5つの音調をまとめてみると、次のようになる。

音調名	実際の音調	音調記号
宣言音調 (proclaiming tone)	下降調	p
（強調＝有標）	上昇下降調	p+
言及音調 (referring tone)	下降上昇調	r
（強調＝有標）	高上昇調	r+
中立音調 (neutral tone)	平坦調／低上昇調	0 (zero)

—渡辺 1994, pp.70–1

ここからは、p と p+、r と r+ はどのように使い分けられるのかを見ていこう。

(12) a. // p it's RAINing //
   b. // p+ it's RAINing //

p+ の音調が使われる場合というのは、話し手は発話を主に自分自身に向け、時には相手を無視して会話を操作する場合である。

(12a) では聞き手に「雨だ」という情報を単に新情報として知らせるだけであるが、(12b) では、例えば話し手が窓の外を見て雨だと気づき、驚いて言う場合に用いられる。この場合、一応聞き手に対する情報提供という意味も含まれるけれども、主として自分自身に向けた発話である。すなわち、p の発話では、話し手は自分の知っている情報をもっぱら聞き手に知らせるのに対して、p+ では、聞き手ばかりではなく自分にとっても新しい情報を、主として自分に向けて話す時に生じる音調である。従来言われていた「驚き、喜び、失望などの感情表現は、上昇下降調である」について、Brazil によって話者―聞き手―情報の見地から明解な説明がなされたことは、音調研究の新たな解釈として注目されるものと考えられる。

(13) a. // r the FIGure on the LEFT // p is a TRIangle //
   b. // r+ the FIGure on the LEFT // p is a TRIangle //

r+ の音調が使われる状況は、例えば医者が患者に対して、あるいは教師が生徒に対して話をするような場合である。つまり、r+ を用いる時は、話者が主導的な役割を演じている感じを与える。(13) の a. と b. を比較すると、b. の方が主導的である。もし、被支配的な立場にある人（この場合は生徒）が高上昇調 (r+) を用いたとすると、何となく生意気に響くのは、r+ の音調が支配的な意味を持っていると解釈されるからである。r+

はこのような役割関係 (role relationship) における支配的意味を示すほかに、話す順序 (turn-taking) を含意することもある。会話当事者間に上下関係がない場合でも、話者は r+ を用いて自分の優位性を示し、それによって発話を継続し、会話を操作することがある。Brazil によれば、通例の記述で「文中の休止は上昇調」とされるのは、話者が発話を継続する意思を示すために、発話の途中に r+ を適用することが多いからだと言う。

―島岡・前沢 1988, p.74

前述の when で始まる従属節のところでも説明したように、従属節＋主節というパターンの時は、従属節の終わりでは上昇調あるいは平坦調が用いられるということは、伝統的な音声学の本でも述べられていたが、まだ文が終了していない時にはこのようになるということが述べられているだけで、なぜそのようになるのかという理由付けが全くなされてはいなかったのである。

上述のように、Brazil の音調理論は今までのアプローチとは全く異なったものであり、説明能力に長けており、大変有益なものであるということがおわかり頂けるであろう。

2.2.5.2. Brazil 理論のキーと末尾について

渡辺 (1994, pp.71-2) に基づいて説明する。Brazil *et al.* (1980) はイントネーションの要素としてキー (Key) という概念を導入し、一つの特色となっているということである。Brazil は3つのキーを想定し、中 (mid)、高 (high)、低 (low) と呼び、それぞれの音調群が話者の判断によって新しいキーを取るとしている。キーが高いか低いかは、最初の強勢音節 (the onset syllable) によって具現化され、そしてそのキーの選択によってもたらされる意味はその区分、すなわち音調群全体に適用される。一方、核音調 (the tonic syllable) は「末尾 (termination)」と呼ぶ全く別の体系の部分としてピッチの選択をし、これまた高、中、低の3種類のうちいずれかをとることになる。そこで実際にはキーと末尾との間には (14) のように、さまざまな組合せが存在する。ただし、一つのレベルを飛び越すような組合せ、すなわち高キーと低末尾、低キーと高末尾の組合せはない。もし核音節の前に強勢音節 (the onset syllable) がなければ、(15) のようにキーは

2.2. イントネーション

末尾と同一になる。

(14) 　　　　キー　　　　　　　　末尾
　　高
　　中　// p he's Going to　　　(a) GO
　　低　　　　　　　　　　　　　(b) GO //
　　　　　　　　　　　　　　　　(c) GO //

(15) 　キーおよび末尾
　　高
　　中　// p he's Going //
　　低

キーの持つ意味は、高キーが「対立 (contrastive)」、中キーが「追加 (additive)」、低キーが「同一 (equative)」であるとされ、例えば下の例 (16) は (a)(b)(c) の異なった組合せがあるが、それらの間の意味と使い方の違いは、次のように説明されている。

(16) 　高　　　　　　　　　　　(a)　and LOST
　　　中　// p he GAMbled　　　(b)　p and LOST //
　　　低　　　　　　　　　　　　(c)　and LOST

(c) ではギャンブルをするということは損をすることと大体同じようなものという世間の考え方を強調し、両者を同一視していると解釈される。(a) のパターンを理解するためには、話題になっている男はギャンブルをすれば勝つのが普通であるという文脈が必要であるが、ここではギャンブルをすれば勝つはずなのに負けた、と対照的に述べられている。(b) では勝ち負けに関しては何らの期待もされていない状況で、ギャンブルをして負けたという事実のみが表されている。つまり、単なる追加である。

—渡辺 1994, pp.71–2

要するに、キーに関しては、中キーが無標ということになる。

この概念は Brazil 理論において大変特徴的であり、かつユニークなものである。ただし、Brazil 理論においては、前述の音調 (tone) の体系が主な研究の焦点になっており、キーと末尾についてはあまり研究がなされてはいないので、ここでは簡単な記述にとどめておくことにする。今後はキーと末尾の体系についても十分に考慮する必要があろう。

2.2.5.3. Brazil 理論の英語教育への応用

Brazil 理論の英語教育への応用について考える際には、一つとても重要な考え方がある。英語の音声指導―最近特に重要視されている音読の指導―に有効な考え方である。渡辺 (1994, pp.72-3) を参考にしながら、見ていくことにしよう。

Brazil の方式でもう一つ注目すべきは、特に朗読の際のイントネーション (reading intonation) についての考え方である。すなわち、話し手と聞き手の相互作用がなく、ただ印刷されたものを口にする場合はことばのみを問題にしており、oblique orientation（間接志向）とも言うべきモードであり、普通の談話に見られる宣言音調とか言及音調という区別は存在しない。そして、朗読の場合でも、話し手と聞き手の間に相互作用があれば、話し手のモードは direct orientation（直接志向）となり、宣言音調、言及音調の区別が用いられる。いわゆる間接志向のモードであれば、宣言音調と中立音調の併用になり、文の構成要素が潜在的に完全なものであれば宣言音調が使われるが、そうでなければ中立音調が用いられる。

例えば、一片の物語形式の散文を大きな声で読むようにと依頼された被験者は、次のような読み方をするであろう。以下の例文の中にある p/o は、読み手によって p と o のどちらの選択もありうるということを表している。

o the OLD HUT // *o* in the MOUNtains // *o* that the SHEPherd had LIVED in // *p/o* was now EMPty // p and in a STATE of RUin // o PATH up to the DOOR // *p/o* was OVerGROWN // *p/o* with LONG WET GRASS // *o* and HEAVy RAIN // *p/o* had BROUGHT down STONES // *p/o* and PIECes of DEAD WOOD // *p/o* that lay in HEAPS // o in FRONT // *p* of the HALF OPen DOOR //

（なお、大文字は強勢のある音節、さらに下線が付いている部分は一つの音調句内での格強勢のある音節を表している）

―渡辺 1994, pp.72-3

もう一つ、例を挙げてみよう。以下は間接志向の例であるが、何も reading activities に限られるわけではなく、もっとずっと広い範囲の speech activities に適用されうるということがわかる例になっている。

// o PUT your pens DOWN // o PENcils DOWN // o FOLD your ARMS // o LOOK at the WINdow // o LOOK at the CEILing // o LOOK at the FLOOR // o LOOK at the DOOR // p LOOK at ME //

— Brazil et al.1980, pp.93–4

　日常的に繰り返される教室での一場面である。教師が生徒に対して、最初の7つの指示は全部中立音調で話しているが、最後に「私の方を見なさい」という時だけ宣言音調を用いているのが興味深い。

　いろいろ英語教育にも応用できる可能性を秘めた考え方である。

　なお、Brazilの音調理論の優れた点、問題点および今後の課題については、伊関 (2006, pp.184–201) において詳述されているので是非参照されたい。

2.2.6. イントネーションの普遍性

　日本語においても英語においても（究極的には、どの言語においても）イントネーションがコミュニケーション上重要な役割を果している例を 2.2.3.2. と 2.2.4. で見てきたが、日本語と英語とではイントネーションへの依存度が異なるということであった。その他、イントネーションに関して何か普遍的とでも言える性質はないのであろうか。簡単に見ておこう。

　例えば、John knows how to get to the station. という文を発音すると、発話の始まりから終わりにかけのピッチの高さは徐々に下がってくるので、この性質は漸降性 (declination) と呼ばれ、普遍的な傾向と考えられている (cf. 佐藤・佐藤 1997, pp.122–3)。

　上記の説明に関して、筆者が真っ先に思い出すのは、アメリカ英語とイギリス英語のイントネーションの違いということである。アメリカ英語では、中くらいのピッチをずっと保っていき、最後の内容語 (station) の sta- のところでピッチが一段と高くなり、tion で終わる時にはピッチが一番低くなるというパターンが普通である。それに対してイギリス英語では、上記のような説明がなされるのが普通である。この説明では普遍性ということにはつながらないということになるが、最近はイギリス人でもアメリカ英語のイントネーションで話す人が増えているようなので、漸降性という

81

性質自体普遍的な特徴であるのかどうか疑問視している研究者もいる。実際、筆者が島岡 (1978, pp.120–1) を用いて調べたところでは、両者には個々の分節音だけではなく、イントネーションにおいても明らかな違いがあるように感じられるので、今後さらなる調査・検討が必要である。

2.2.7. ユニークな下降上昇調

　英語においては、下降調、上昇調、下降上昇調、上昇下降調、平坦調という5種類の音調を認める立場の研究者が多いようである。その中でも下降上昇調の表す意味がとても多岐にわたっているということを述べた。ただし、この音調は英語とそれ以外の言語では考え方が少し違うようである。例えば、次の例を見てみよう。

　　(17)　I go to ↘ London / on ↗ Sunday.（英語）
　　(18)　*Ich gehe nach ↘ London / am ↗ Sonntag.（ドイツ語）
　　(19)　?Le dimanche, je vais a ↘↗ Londre.（フランス語）

英語では (17) のような言い方は自然であり、ただし今度の日曜日には行かないという含みまで表すことができる。一方、ドイツ語では、この場合 (18) のようなイントネーション・パターンで言うこと自体が許されていないようである。従って、この場合文末は下降調で言わなければならない。英語のように、「ただし今度の日曜日には行かない」ということを表現するには、(18) の文にさらに aber da gehe ich nicht nächste Sonntag. のように明示的に表現しなければならないようである。フランス語もこの場合はドイツ語に近いようで、文末でこの音調を使用することは自然ではないようであり、(19) の文にさらに mais pas cette semaine. のように明示的に表現しなければならない。

　以上の説明でわかることは、3つの言語を比較してみると、平叙文の文末において下降上昇調が普通に使えるのは英語だけであるということであり、他の言語では「ただし今度の日曜日には行かない」という内容は必ず明示的に表現しなければならないということである。いろいろな文の種類と用いられている音調の関係を、英語だけではなくその他の言語についても調査して比較してみるのも興味深い課題である。

2.2.8. 今後の課題

このセクションでは、イントネーションの定義、イントネーションの位置付け、イントネーションの重要性およびイントネーションの4つの機能などを中心にして、詳細に見てきた。

イントネーションについて考える時には、心的態度機能と談話機能の2つが特に重要であると言われている。この2つの機能のうちどちらの機能の方がより重要であるのかについては、現段階では何とも言えない状況である (cf. Cruttenden 1997^2, p.89)。さらなる研究が必要である。

語用論を考慮に入れたイントネーションの意味的な側面を考察することが今までの研究においては最も手薄な部分であり、今後は一番研究成果が期待されるところである。

参考文献

Brazil, D., M. Coulthard and C. Johns. (1980) *Discourse Intonation and Language Teaching*. London: Longman.
Cruttenden, A. (1997^2) *Intonation*. Cambridge: Cambridge UP.
今井邦彦 (1989)『新しい発想による英語発音指導』東京：大修館書店.
── (2007)『ファンダメンタル音声学』東京：ひつじ書房.
伊関敏之 (2006)『談話のイントネーション研究──ブラジルの音調理論の英語教育への適用と有用性──』愛知：日本英語音声学会.
川越いつえ (1999)『英語の音声を科学する』東京：大修館書店.
牧野勤 (1977)『英語の発音──指導と学習──』東京：東京書籍.
佐藤寧・佐藤努 (1997)『現代の英語音声学』東京：金星堂.
島岡丘 (1978)『現代英語の音声』東京：研究社出版.
島岡丘・前沢君恵 (1988)「イントネーションの記述とその説明──Brazil の音調理論と応用可能性──」『言語』第36巻、第14号.
島岡丘・三浦弘訳 (1996)『英語音声学・音韻論』東京：大修館書店.
水光雅則 (1985)『文法と発音』東京：大修館書店.
東後勝明 (1978)『英会話のリズムとイントネーション』東京：金星堂.
山崎真稔・高橋貞雄・佐藤久美子・日野信行訳『ロングマン応用言語学用語辞典』東京：南雲堂.

安田一郎 (1976)『英語とはなんだろう』東京：日本放送出版協会.
吉村昭市・貫井孝典・鎌田修訳 (1999)『談話分析を学ぶ人のために』
　京都：世界思想社.
渡辺和幸 (1994)『英語イントネーション論』東京：研究社出版.

（伊関敏之）

2.3. プロソディ (prosody)

　プロソディは、日本語では韻律論と訳される。韻文のリズムを生成する格調の研究を指す用語であると共に、音声言語の分析においては分節音以外の音に関する諸現象の研究を指す用語でもある。後者への適用は、ロンドン学派のJ. R. Firth (1890–1960) によるものだが、時間軸に沿って線状に生起する母音や子音といった分節音 (segment) とは別に、他の音節・語・句・文にかぶさるように生起する諸種の音韻特徴を韻律素 (prosodeme) ／韻律素性 (prosodic feature) という概念にまとめて[1]、それを基に議論を展開した。何を韻律素とみなすかは研究者によって差があるが、英語の韻律素としては、概して、音の高さ (pitch)、音の強さ (stress, intensity) または音の大きさ (loudness)、そして時には音の長さ (duration) という音韻特徴や、次元を変えて音調／声調 (tone) といった音韻特徴が認められている。これに対してアメリカ構造言語学派は、音素 (phoneme) という概念で音声言語を包括的に捉え、分節音は分節音素 (segmental phoneme)、韻律素／韻律素性はかぶせ音素／超分節音素 (suprasegmental phoneme) として単次元的に弁別し、いずれに対しても客観的・絶対的な解釈を試みた。分節音の分析や説明はそれで問題ないとしても、他の項目にかぶさるように生起する音韻特徴の解釈には、本来、主観的・相対的な視点が必要であり、アメリカ構造言語学派の単次元的な弁別には限界が見られる。本稿では、以降、韻律素に対して話者の年齢・性差・言語環境や発話時の環境・心理等を考慮した多次元的な分析・解釈を試みるロンドン学派の立場から、プロソディについて記すことにする。なお、音の高さ (pitch) は、単語レベルでは音調／声調 (tone) として表され、文レベルではイントネーション[2]として表される。広義ではイントネーションも韻律素とみなしうるが、本書では別項として扱ったので、ここでは触れず、韻律素とみなせるその他の音韻特徴を項目別にして解説を試みたい。
　なお、韻律素と分節音／音素の関係は、言語によって異なる。ある言語では韻律素としてみなせる音韻特徴が、他の言語では音素になることもあるし、その逆もまた然りである。たとえば、ギリシャ語において、母音で

始まる単語は、気息音が先行する rough breathing と気息音を伴わない smooth breathing という二つの発音要領に分かれ、気息は韻律素としてみなされるが、ラテン語では [h] という音素単位となる。

2.3.1. 音の高さ (pitch)

音の高さは、単位時間当たりの音波の振動数 (frequency) によって決まり、1秒間の振動数はヘルツ (Hz) で表される。ただ、振動数が物理量であるのに対して、音の高さはあくまでも人間の聴覚に依存した感覚量であり、両者は比例関係にはならず、仮に、振動数が2倍になっても、高さが2倍になったとは感じない。Stevens, Volkmann, Newman (1937) は、振動数／周波数と聴覚に関する実験を行い、音の高さを比例的に表すためにメル (mel<melody) という尺度を設定した。周波数1,000Hz（音圧レベル40dB[3]）の純音を基準音として、この音の高さを1,000melとし、周波数を増減させながらどの周波数で高さを2倍に感じたり、あるいは半分に感じたりしたか、それを表したのが図1である。

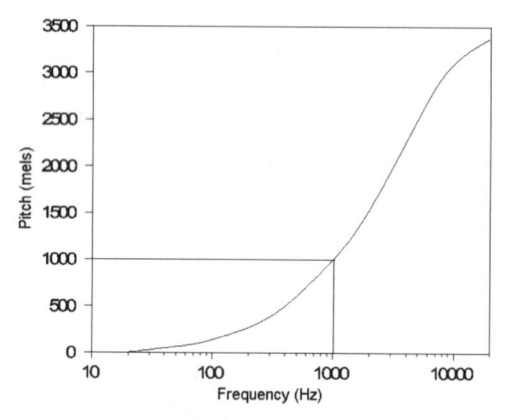

図1　メル尺度（Stevens and Volkmann より）

概ね、周波数が大きくなるほど音の高さも高くは感じるが、500mel時の周波数は約400Hz、2,000mel時の周波数は3,000Hzとなり、比例関係にはない。周波数が高くなるほど不規則な関係となり、10,000Hzの周波

2.3. プロソディ (prosody)

数でも音の高さは 3,000mel 程度に過ぎず、基準音の 10 倍以上の高周波数の音声を聞いても、人間は基準音の数倍の高さにしか感じないということが検証されている。

　言語音の高さについて論じる場合、声域 (threshold) は人の年齢や性によっては無論、個人個人で異なるので、個人内での状況に応じた相対的な比較が不可欠となる。例えば、弦楽器に一定の力を加えた場合、弦を緩めるほど、弦が長いほど、あるいは弦の質量が大きいほど、振動数は小さくなり低い音となる。人間の場合は、緊張度を高めると、発声に関わる様々な筋肉が緊張し声門下圧が高まり、その結果振動数の大きい音声が発せられ、相対的に高い音となる。子供と大人でも、あるいは、女性と男性でも、いずれも前者の方が、声帯や発声に関与する筋肉がより短くて質量も小さいため、発する音は相対的に高くなる。なお、高齢者は、加齢と共に筋肉の柔軟性が失われる傾向があるので、いわゆる筋肉は緊張状態にあり、発する音は成人と比べると相対的に高くなる。

2.3.2. 音の強さ (stress, intensity) と音の大きさ (loudness)

　音の強さをアクセント (accent) と呼ぶこともあるが、アクセントは「強調」の意味である。例えば、ある語の第二音節を強調するには、その音節で呼気を強めたり、声を高めたり、長めて発音したり、あるいはその箇所のみ異なった音質で発音してみると、結果的にその音節が強調されることになる。音声学でいうところの音の強さとは、音声器官によって産出された音を音響学的に分析した物理的な強さ (intensity) の意味であり、通例ストレス (stress) と呼んでいる。ただ、話者が産出した音の物理的な強さの数値が2倍になったからといって、聴者がそれを2倍の大きさの音として知覚する訳ではない。人の聴覚は音の周波数によって感度が異なるため、実際には、音の物理的な強さが 10 倍になって聴者はそれを 2 倍の大きさの音として知覚し、100 倍になって 3 倍の大きさの音として知覚する。この聴者の立場から知覚された心理的な尺度を、音の大きさ (loudness) と呼ぶ。したがって、韻律素の対象として、物理的な産出の面に視点を置けば、音の強さ (stress, intensity) が韻律素の一つになり、心理的な知覚の面

87

に視点を置けば、音の大きさ (loudness) が韻律素の一つとなる訳である。

音の正体は空気の圧力変化であり、単位はパスカル (Pa) で表し、音圧の基準値は 20 マイクロパスカル (μPa) とされている。これは 1 気圧の 100 億分の 2 という極めて小さい変化であり、人間が聴き取れる最小音の音圧とほぼ同じである。音の強さは、音圧の 2 乗に比例するが、音圧基準の 20μPa の何倍かで表す。ただ、単位が μPa のままで音の強さを表わそうとすると、何桁も必要となり不便ゆえ、ある音の音圧 p (μPa) と基準音圧との比の二乗の対数をとって、以下の式を用いることにして、これを音圧レベルと呼んでいる。

音圧レベル $= 10 \log_{10}(\frac{p}{20})^2$ dB

当初は上記式の対数に先行する 10 を省いた単位を、ベル (B<Graham Bell) と名付けて、ベルで表そうとしたが、これではほとんどの値がひと桁となってしまい不便なため、通常は 10 分の 1 の値であるデシベル (dB) 単位を使う。つまり、音圧で 10 倍（音の強さで 100 倍）になると、音圧レベルでは 20dB の増加に相当する。ちなみに 1 m 程度離れた会話の音圧レベルは 40–60dB で、音圧に換算すると 2–20 ミリパスカル、つまり 1 気圧の 1 億─1 千万分の 2 となる。他方、なんとか聴くに堪える最強の音の音圧レベルは 100dB 程度で、例を挙げるなら、ガード下で聞く電車の通過音程度であるが、これでも圧力は 2 パスカル、つまり 1 気圧の 10 万分の 2 でしかない。音は極めて小さい空気振動と言えよう。

次に、物理的な尺度である音圧レベルと心理的な尺度である音の大きさの関係を見てみよう。耳で感じる音の大きさの単位は、ソーン (sone) と呼ばれ、周波数 1000Hz・音圧レベル 40dB の純音を聞いた際の大きさを、基準の大きさ 1 ソーンとしている。

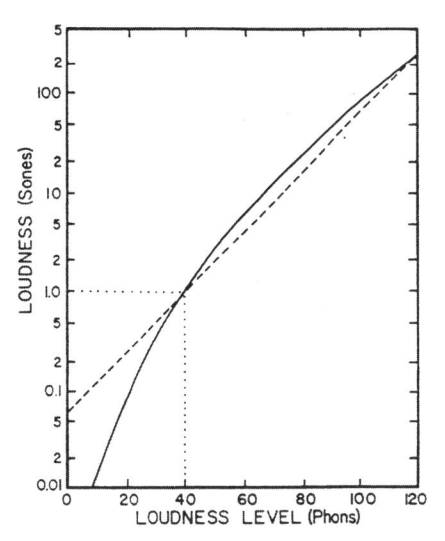

図2 音圧レベルと音の大きさの関係
(Stevens and Davis より改変[4])

図2より、音圧レベルが 10dB（音圧なら3倍強、音の強さなら 10 倍）上昇する度に、音の大きさは約2倍になることがわかる。但し、これは同一周波数の音においてのみ成立する、つまり、人間の聴覚は、周波数によって感度が大きく異なることがわかっている。

図3は、1000Hz の純音の音圧レベル (dB) と同じ値を phon（フォン）という単位で表し、1ソーンとして聞こえるそれぞれの周波数の音圧レベルを結んで曲線で表したものである。図中の曲線はすべて、同じ大きさに聞こえるいわば等高線と考えられるので、聴覚の等感曲線とも呼ばれている。

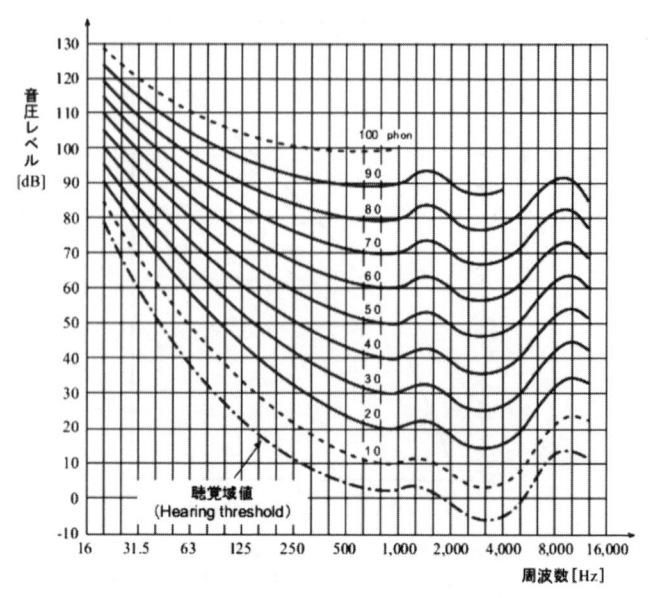

図3 純音に対する等ラウドネス曲線

人間の耳の可聴域はほぼ20Hz～20kHzであるが、図3より、聴覚には次のような特徴があることがわかる。
・周波数1000Hz以下では、概して、周波数が低くなるほど、耳の感度は悪くなる。
・周波数3000～4000Hzで耳の感度は最良となる。
・6000Hz以上の高い周波数では、耳の感度は周波数の増加に伴って一様に変化せず、波を描くように増減しながら概して感度が悪くなっていく。

　この等ラウドネス曲線は、個人差はあるものの多数の青年の平均値とみなしてよい。なお、最高可聴限は、20才を過ぎた頃より加齢と共に低下していく。最近、都会の公園で深夜に集まって騒ぐ青少年を撃退する対策として、中高年には聞こえない高周波音（モスキート音）を発する装置が設置され、話題となっている。

2.3.3. 音の長さ (duration, length)

　物理的に測定される音の長さを duration と呼ぶのに対して、人間が知覚できる音韻的に有意味な長さ[5]を length と呼び、弁別することがある。例えば 2 種の言語音について、duration に差があっても、人間が知覚できないと一方が長い／短いとはいえない訳である。なお、音の長さを音量 (quantity) と呼ぶこともあるが、長さと音量はまったく同意ではないので注意を要する。長さの差が意味の差につながり、交換不可能な場合に、音量に差があると言う。例えば、英語において、① It's vèry góod. と② It's véry gòod. の両者の good の母音部 [ʊ] を比較すると、音の長さは異なるが、音量には差がないと言える。他方、日本語において、① さ、行こう。② さ（差）がある。③ さー、どうしようか。という事例では、音の長さも異なるし、音量も異なる。

　長さにいくつのレベルを設けるかは、古くは Sweet (1906) の 5 段階 (very long; long; half long; short; very short) という設定もあったが、国際音声学協会 (IPA) では三段階 (full length [ː]; half length [ˑ]; short [ ]) を設けている。

　音声学で音の長さに言及する場合、子音は母音ほど明瞭な差を生じることは少ない。まず子音の長さについて、その特徴を挙げるならば以下のようになる。

(1) 音質による差：
・継続音である鼻音や摩擦音は、非継続音である閉鎖音や破擦音よりも長い。

(2) 隣接音による影響
・語末の子音は、短母音に後続する方が、長母音やわたり母音[6]に後続するよりも長い。
　（例） hill > heal, edge > age
・語末にあっても短母音に後続する方が、二つの母音に挟まれる際よりも長い。
　（例） run > runner, pit > pity

(3) 強調による影響
・強勢のかかる短母音に隣接する子音が、強調によって長くなることがある。
　（例）I ńever tell a lie.
　　　The victory of Nadeshiko Japan was spléndid!

　他方、母音については、よく短母音と長母音という区別がなされるが、これは絶対的なものではなく、その音が出現する音声環境や文脈によって、あるいは話者の癖や発話時の気分によって大きく変化するので、特に注意を要する。母音の長さについて特徴を挙げると以下のようになる。
(1) 音質による差
・音声環境が同じならば、長母音とわたり母音はほぼ同じ長さで、短母音より長い。
　（ただ、市崎 (1997) によれば、1.2～1.3倍に過ぎない）

　伝統的な辞書表記では、長音符号 [ː] を用いて、例えば長母音 [iː] に対して短母音 [i] という表記がなされているが、周知の通り、前者は緊張母音で後者は弛緩母音ゆえ、むしろ音質が全く異なる点を意識することが肝要で、長さの差異によって意味上の差異が生じる訳ではない。

・低母音の方が高母音よりもやや長い。
　調音要領を考えると、低母音（＝開母音）は、口を大きく開け調音しそして閉じるまで、高母音（＝閉母音）より時間を要するので、長くなるのは当然である。

(2) 隣接音による影響
・後続音がない場合、母音の長さはより長くなる。
　（例）tea > team, day > date
・後続音が有声音の場合の方が、無声音の場合より、長くなる。
　（例）　mad > mat,　save > safe,
　（市崎 (*ibid.*) では、約2倍の長さとなった）

では、「子音＋短母音＋有声子音」と「子音＋長母音＋無声子音」というミニマルペアや「子音＋短母音＋有声子音」と「子音＋わたり母音＋無声子音」というミニマルペアに於いては、母音の長さはどうなるのかという疑問が生じる。市﨑 (*ibid.*) は、b<u>i</u>d と b<u>ea</u>t および、b<u>e</u>d と b<u>ai</u>t を対象に測定を行ったが、前者ペアでは短母音が長母音より 1.7 倍、後者ペアでも短母音がわたり母音より 1.6 倍長くなった。これは後続する子音の声帯振動の有無が先行する母音に与える影響の大きさを示すと同時に、単に母音を長短で弁別することの危険性を示唆するものである。

(3) 強調による影響
(a) 語強勢の場合
・強勢型の差によって品詞を（名詞／動詞と）異にする場合、前方強勢（名詞）の強勢音節の母音は、後方強勢（動詞）の弱音節の位置に於けるよりも長くなる。[7]
（例）C<u>O</u>Mpact ＞ comPACT, C<u>O</u>Ntest ＞ conTEST
（市﨑 (*ibid.*) では、いずれも約 2.4 倍の長さとなった。上記の例では、動詞の当該母音はいずれも曖昧母音のため大きな差となったと思われる。）

(b) 文強勢の場合
・状況によって、通常より伸長することがある。
（例）Lóok at this pícture. の this の長さは、相手が Which picture? と訊き返した場合、this に強勢を置いて Lòok at thís picture. と答えると、より長くなる。

以上、音の長さについては、音質との絡みもあり、絶対的な音韻特徴と言えない点があるため、韻律素とはみなさない研究者がいる訳である。では、なぜ隣接音によって、子音にしても母音にしてもその長さに差異が出てくるのであろうか。実は、（音の）長さの補償 (temporal compensation) という現象が起きるからである。長さの補償とは、発話において何らかの影響で、ある音が短く、あるいは長くなれば、それを補うかのように隣接

または近接する音が長く、あるいは短くなる現象をいう。

補償現象を実証したのは、Heffner (1937) や Rositzke (1939) が先達である。Rositzke (1939) は、無声閉鎖音より有声閉鎖音に先行した方が、母音の長さが（緊張母音で1.4～1.8倍、弛緩母音で1.4倍、二重母音で1.5～1.7倍）長くなることを実証し、それと同時に母音に先行する子音の影響は少ないと結論した。同様の結論を得た Sharf (1964) は、その理由として、有声子音の閉鎖に伴う喉頭の下降を指摘した Hudgins and Stetson (1935) および、舌・顎・唇・軟口蓋の調音運動速度を比較した Hudgins and Stetson (1937) を参照して、次のように推断している。「無声子音の閉鎖時には喉頭の動きはほとんどないが、有声子音の閉鎖時には喉頭が下降する。母音に続いて有声閉鎖音を発する際には、下降は実際、先行する母音の調音中に始まるものの、他の調音器官より運動の鈍い喉頭が子音の調音に至るまで下降するには時間がかかる。より早く反応する舌、唇、顎も、結局は喉頭に同調するために、必然的に先行母音の調音運動が長引き、有声子音の前では母音は伸長する」というわけである。

子音の調音方法による差については、閉鎖音より摩擦音が後続した方が先行母音が長くなることが報告されているが、その理由として、Stevens and House (1963) は、次のように説明する。「閉鎖音と比べると、摩擦音の方が共鳴空間の大きさと形に関してより正確な狭窄を必要とする。従って、摩擦音の調音には、調音器官が、より複雑な位置へ移動するために遅れが生じる。よって、閉鎖音より摩擦音に先行した方が、母音は伸長するという結果になる」わけである。この運動の「遅れ」という概念に基づけば、鼻音が後続した場合も説明がつく。鼻音は、完全な口腔の閉鎖と喉頭の下降を伴うという点で有声閉鎖音と共通するものの、その調音には軟口蓋の下降も伴う。軟口蓋については、Hudgins and Stetson (1937) によって、他の調音器官より運動が緩慢であることが証明されているため、やはり、そこに生じる遅れから、鼻音に先行する母音は有声閉鎖音に先行する母音より長くなると推定できる。Peterson and Lehiste (1960) によると、母音の長さは、有声摩擦音の前で最長に、次いで鼻音、有声閉鎖音、無声摩擦音、そして無声閉鎖音の前で最短になるという結果が出ている。

2.3. プロソディ (prosody)

2.3.4. 音調／声調 (tone)

　特に単語レベルでの、ピッチ変化の様相を「音調」と呼んでいる。先に言及したように、文レベルでのピッチ変化、つまりイントネーションの邦訳にも「音調」を充てることがあるため、誤解を避けるために、単語レベルでは「声調」、古くは「調子」という用語を充てる研究者もいる。英語の発話では、情報の焦点となる特定の単語の、第一強勢が置かれる音節を核（音節）と呼び、通例、核においてピッチ変化が顕著になる。核音調の分類については、一方向だけに変化する音調（＝単純核音調）と、二つの方向への変化が連動した音調（＝複合核音調）に分けるのが一般的である。

単純核音調	下降調	`
	上昇調	´
	平板調	−
複合核音調	下降上昇調	ˇ
	上昇下降調	ˆ
	分離型下降上昇調	` + ´
	分離型上昇下降調	´ + `

　単純核音調は、下降調、上昇調、平板調の三種に、複合核音調は、下降上昇調、上昇下降調に分類できる。ただ、いくつかの語を間に挟んで核が二箇所認められる場合があり、これも複合核音調の亜種として、分離型下降上昇調[8]、分離型上昇下降調を認める研究者が多い。すると、複合核音調は計四種となる。更には、便宜上、3段階のピッチ水準を設けて、すべての音調に対して下位分類する研究者もいる。例えば、下降調では、高位から低位に大きく下降する場合は、高下降調、中位から低位に下降する場合は、低下降調という変種を設ける訳である。

2.3.5　語強勢 (word stress) と卓立 (prominence)

　プロソディを論じる際に、語強勢について言及しないわけにはいかない。英語では二音節以上の語を発話する場合、どこかの音節に強勢 (stress) が置かれる。音節数が増えれば増えるほど、物理的にはその強勢の程度も増える訳であるが、人間の聴覚には限界があるので、実際には3－4段階までしか強勢の度合いを弁別できない。Trager and Smith (1951) は、多音節語内の強勢の程度を示すためにそれを四段階に分けて、´（第一強勢）ˆ（第二強勢）｀（第三強勢）˘（弱強勢）という4種の記号を用いたが、単独の単語においては第一強勢・第三強勢・弱強勢の3段階で整理するのに対して、第二強勢については、複合語においての場合のみ、発話中にプラス連接[9]が現れた場合のみそれに伴って現れると、事例を挙げて説明している（単語別なら élevàtor + óperàtor に対して、複合語では élĕvàtŏr ôpĕràtŏr）。

　つまり、この四つの強勢段階は一貫した音韻特徴に依存したものではないので注意を要する。強勢にはピッチの変動を伴うものと伴わないものがあり、伴うもののうちピッチ変動が（下降や上昇やそれらが組み合わさって）相対的に大きければ第一強勢、ピッチ変動が（ポーズの後の高い平坦なピッチや、高い平坦なピッチの高低変化だけにとどまり）相対的に小さければ第二強勢とする。そしてピッチ変動を伴わない強勢を第三強勢として、これら三種の強勢をまとめて強強勢 (strong stress) とし、強強勢が置かれた音節を強音節 (strong syllable) とみなし、他方、弱強勢が置かれた音節（つまり弱母音または音節主音的子音を有する音節）を弱音節 (weak syllable) とみなしている。

　では、上記の強勢とは一体何か。それはつまり、ある音節に卓立 (prominence) があるという意味である。聴覚的に特定の音節が他の音節より際立っている時、その音節には卓立があるという。

　実は、卓立を生む要因となると、研究者によって多様に意見が分かれる。ほとんど例外無く意見が一致するのは、ピッチの変動 (pitch movement) であるが、これに次いで共通して支持を得ている要因は、音の（物理的な）強さと音の長さである。そしてこれらに次ぐ副次的要因と

2.3. プロソディ (prosody)

しては、音の高さ、(母音の) 音質 (quality)、リズムが主だったものである。音質については、概してきこえ (sonority) の大きい音の方が卓立も大きいということになるが、Gimson (1962) は、ただ [ænænænɪnænæ] のように同じ音が連続する中に異なった音が入った場合は、本来きこえの小さい音でもきこえの大きい音より際立って聞こえると説明する。更に、Roach (1983) は、弱音節に現れる /ɪ, ʊ, ə/ や音節主音的子音が隣接すると、それを背景にして卓立が生ずると考える。つまりは、音質という要因にはその音が現れる環境も含まれる訳である。リズムについては、Giegerich (1978) は、リズムの性質上、強勢の付加と削除には制限があり、例えば、通常 | he has | been in the | pub が自然で、he | has been | in the | pub は不自然であると主張する。

更に、Couper-Kuhlen (1986) は、リズムへの言及と共に、異なる因子として、母音を挟む子音環境（無声子音が先行すると後続母音の F_0 が急上昇する、無声子音が後続すると先行母音が短くなる）という要素に加えて、句や文における位置 (intensity も F_0 も末尾に近づくにつれて次第に小さくなる、母音は末尾で長くなる)、発話速度 (速い発話では、非強勢母音は強勢母音より短くなると共に F_0 は上昇する傾向がある）という要素を挙げている。

また中には視点を広げて、非音声的な要素をも含める研究者もいる。Currie (1980) は、最後の内容語を要因に含めているし、Giegerich (1978) は、リズムは機能語にまで影響し、機能語にも卓立が与えられやすい順に階層 (hierarchy) があるとする。更に、Brown, Currie, and Kenworthy (1980) は、文脈の影響にも言及すると共に、英米の聴取者による実験結果を報告している。卓立を知覚する際に、英国人がピッチの変動を最大の手がかりにしたのに対して、米国人はピッチの最高値を手がかりにする傾向があったということである。

かように、卓立を生み出す要因は様々であるが、肝要なのは、ほとんどの場合、こういった要素が複合的に影響して卓立は知覚されるという事実である。ただ、Brown, Currie, and Kenworthy (*ibid.*) によると、ピッチの変動、音の高さ、物理的強さが競合していずれかの突出がなければ、最後の内容語に卓立が見出されたという報告もある。

卓立はコミュニケーションにおいて大きな役割を担っている。ある音調群の発話において最も大きな卓立が置かれた核（音節）には、意味伝達上、情報の焦点があるとされる。よって当然ながら、核の位置が変わると同一文であっても意味内容が大きく変わってくる。Ichizaki (2005) は、発話の際に強調する項（＝核）を変えながら、それに応じて変化するピッチ、音の長さ、音の強さ等の韻律特徴を測定したが、同一資料を対象に発話しても、強調の方法／卓立付与の方法は、話者によって異なるという結果を報告している。

2.3.6. 今後の課題

　本稿では、冒頭で、韻律素の研究には主観的・相対的な視点が必要であると断りながら、音の長さや音調や強勢の説明ではいくつかの段階や水準を設ける分析方法を紹介した。どうしてもこれが日本の英語教育で伝統的に浸透している手法のため、あくまでも説明の便宜を図るためであったことをご理解いただきたい。これからの韻律素の研究には、対象を絶対的・客観的に分析しようとする音声学の視点だけではなく、音声学的分析で得られた知見を基に、対象を組織的・体系的に捉え、かつ対象相互の関係を研究する音韻論的な視点が不可欠である。プロソディの研究は、求められるアプローチの方法が多次元的であるからこそ、多数に支持される分析方法や解説に辿りつくにはまだまだ困難が予想される。それは裏返せば、研究の余地は大いに残されており、興味の尽きぬ分野であるということに他ならない。

注

[1] Firth は韻律素を prosodies と呼んでいる。Firth が韻律素として設定した音韻特徴は多種多様であり、そのすべてが今日まで継承されている訳ではない。

[2] イントネーションを音調と訳すこともあるので注意を要する。本稿では誤解を避けるため、イントネーションには他の訳は充てずにそのまま用いる。

[3] 次項の「音の強さと音の大きさ」にて詳述する。

[4] 出典の図より、純音のデータだけを抜粋した。

[5] Lehiste (1970) は、知覚可能な最小差を just-noticeable differences と呼び、先行研究のデータを紹介している。

[6] 本稿では、(あたかも二種の母音が独立して並んでいるかのような誤解を与えやすい)「二重母音」という用語は避けて、主音から副音への移行相(わたりの相)の存在を表現する「わたり母音」という用語を用いる。

[7] ただ、市﨑 (*ibid.*) では、その逆、つまり、前方強勢(名詞)の弱音節の母音は、強勢が加わっても、つまり、後方強勢(動詞)の強音節の位置では必ずしも長くはならないという結果になった。compact では、COMpact < comPACT となったものの、contest では、CONtest ≒ conTEST そして suspect では、SUSpect > susPECT となった。

[8] 枡矢 (p. 459) は、O'Connor-Arnold (p. 255) に挙げられた分離型下降上昇調をとるイギリス英語の例を、新情報を一つだけ有する場合を分離核、新情報を二つ有する場合を複合核として弁別している。

　　A:　ˈWhat₁ever was I `**think**ing of?
　　B:　¹Oh, I `**should**n't let it **worry** you. // ²ˌEven the `**best** of us make misˌtakes ˌ**some**times.
　　A:　一体、私は何を考えていたんだろうか。
　　B:　¹いや、そのことを気になさることはありません。²どんなに優れた人でも時には間違うこともあるんですから。

1 が分離核、2 が複合核。いずれも、初めの核で下降し(または下降を始め)、後の核で上昇を始める。

[9] 形態素と形態素、あるいは語と語が連続して発話される際に、切れ目のない連なり方をしていれば閉鎖連接、切れ目のある連なり方をしていれば開放連接／プラス連接と呼んだ。

　　(例) peace talks (閉鎖連接；和平会談) pea stalks (プラス連接；エンドウの茎)

ただ、この「連接」という概念は、アメリカ構造言語学派特有のもので、単次元的な弁別に基づいているため、本稿冒頭で断ったように、ここではこれ以上は言及しない。

参考文献

Brown, G., Currie, K. L. and Kenworthy, J. (1980) *Questions of Intonation*. London: Croom Helm.
Couper-Kuhlen, E. (1986) *An Introduction to English Prosody*. London: Edward Arnold.
Currie, K. L. (1980) "An initial 'search for tonics'," *Language and Speech* 23, 329–350.
Firth, J. R. (1948) "Sounds and prosodies," pp. 127–152, *Transactions of the Philological Society*. Oxford: Basil Blackwell.
Giegerich, H. J. (1978) "On the rhythmic stressing of function words: A modest proposal," *Work in Progress* 11, 43–51.
Gimson, A. C. (1962) *An Introduction to the Pronunciation of English*. London: Edward Arnold.
Heffner, R-M. S. (1937) "Notes on the length of the vowels," *American Speech* 12, 128–134.
Hudgins, C. V. and Stetson, R. H. (1935) "Voicing of consonants by depression of larynx," *Archives néerlandaises de Phonétique expérimentale* 11, 1–28.
Hudgins, C. V. and Stetson, R. H. (1937) "Relative speed of articulatory movements," *Archives néerlandaises de Phonétique expérimentale* 13, 85–94.
市﨑一章 (1997)「英語音の継続時間特性―英語の母語話者と日本人大学生の対比―」音声研究 1:1, 日本音声学会.
Ichizaki, K. (2005) "Prosodic changes caused by emphasis of negatives in English in connection with compensation: The comparison between native speakers of English and Japanese," *English Phonetics* 7, 1–18. The English Phonetic Society of Japan.
Lehiste, I. (1970) *Suprasegmentals*. Cambridge, Mass.: MIT Press.
枡矢好弘 (1976)『英語音声学』東京：こびあん書房.
O'Connor, J. D. and Arnold, G. F. (1961) *Intonation of Colloquial English: A practical handbook*, London: Longman.
Peterson, G. E. and Lehiste, I. (1960) "Duration of syllable nuclei in English," *Journal of the Acoustical Society of America* 32:6, 693–703.
Rositzke, H. A. (1939) "Vowel-length in General American speech," *Language* 15, 99–109.
Roach, P. (1983) *English Phonetics and Phonology: A Practical Course*. Cambridge: Cambridge UP.
Sharf, D. J. (1964) "Vowel duration in whispered and in normal speech," *Language and Speech* 7, 89–97.

2.3. プロソディ (prosody)

Stevens, K. N. and House, A. S. (1963) "Perturbation of vowel articulations by consonantal context: An acoustical study," *Journal of Speech and Hearing Research* 6, 111–128.

Stevens, S. S. and Davis H. (1938) *Hearing, Its Psychology and Physiology*. New York: Wiley.

Stevens, S. S. and Volkmann, J. (1940) "The relation of pitch to frequency: A revised scale," *American Journal of Psychology* 53, 329–353.

Stevens, S. S., Volkmann, J., and Newman, E. B. (1937) "A scale for the measurement of the psychological magnitude pitch," *Journal of Acoustical Society of America* 8, 185–190.

Sweet, H. (1906) *A Primer of Phonetics*. Oxford: Clarendon Press.

Trager, G. L. and Smith, H. L. Jr. (1951) *An Outline in English Structure*, (*Studies in Linguistics, Occasional papers* 3), Norman, Okla.: Battenburg.

(市﨑一章)

3. 音声学・音韻論と言語変化

3.1. 音韻規則適用の分析：
使用頻度と発話の速度による再範疇化

　本節では、Nespor & Vogel (1986) や Selkirk (1984) などによって提唱された音律音韻論 (Prosodic Phonology) では、音韻規則適用が、音律音韻論の基本概念である、音律階層 (Prosodic Hierarchy) を構成する音律範疇 (Prosodic Categories) 内での適用とされている。しかしながら、実際には音律範疇を越えて音韻規則が適用される例が見られる。

　そこで、本節では、これらの音律範疇を越えて適用される音韻規則の適用を語の使用頻度やその使用頻度に基づく発話速度の増大による、新たな音律範疇の再構築によって説明できることを概観するものである。

3.1.1. 音律音韻論 (Prosodic Phonology) による分析

　Nespor & Vogel (1986) や Selkirk (1984) などによって提案された音律音韻論 (Prosodic Phonology) では、以下に見られるような、音律範疇から構成される音律範疇を基本的な概念として提示している。

(1)　Prosodic Hierarchy（音律階層）
　　　U = Phonological Utterance（音韻的発話：PU）
　　　I = Intonational Phrase（音調句：IP）
　　　P = Phonological Phrase（音韻句：PP）
　　　C = Clitic Group（接語グループ：CG）
　　　W = Phonological Word（音韻語：PW）

(Nespor & Vogel 1986)

3.1. 音韻規則適用の分析：使用頻度と発話の速度による再範疇化

上記のような、音律範疇を音韻規則適用の領域とすることで、多くの音韻規の適用の有無を的確に説明できる。

例えば、(2) のような語末の有声摩擦音の脱落規則 ([v] 脱落規則) は音律範疇の Clitic Group とすることで的確に説明ができる。尚、Selkirk (1972) はこの現象を説明しているだけで、この Clitic Group による分析は、本節によるものである。

(2)　[v] → φ / ＿＿＿ # C

(Selkirk 1972)

(3)　a. [Please]CG [leave them]CG [alone]CG
　　　　　　　　　　[v]

　　b. [Will you save me]CG [a seat]CG
　　　　　　　　　　[v]

(4)　a. [Give]CG [Maureen]CG [some]CG
　　　*[v]

　　b. [We'll save]CG [those people]CG [seat]CG
　　　*[v]

(Hayes 1989)

上記のように、確かに Clitic Group を [v] 脱落規則の適用領域とすることで、適切に規則適用の有無を説明できることは明白である。

しかしながら、Selkirk (1972) では、この規則の適用が、発話の速度が速くなると、本来適用されていなかった場合でも、規則の適用が生起するとして例を挙げている。本稿では、この現象を、以下に挙げるような発話速度の増大による音律範疇である、Clitic Group の再範疇化 (Restructuring) によるもので、Clitic Group の領域の拡大ということで、的確に説明ができる。

(5)　a. [Give]CG [Maureen]CG [some]CG　(fast speech only)

103

→ [Give Maureen]CG... (Restructuring)
　　[v]
b. [We'll save]CG [those people]CG [seat]CG (fast speech only)
→ [We'll save those people]CG... (Restructuring)
　　[v]　　　　　　　　　　　　　　　　(Selkirk 1972)

また、音韻的発話 (PU) を適用領域とする音韻規則としては、以下に挙げられる、弾音化と [r] 音挿入規則があり、音韻的発話 (PU) を越えて、これらの音韻規則が適用されることはない。

(6) 　[t, d] → [D] / [... V ___ V...] PU Domain: Phonological Utterance

(7) 　a. [Turn up the heat. I'm freezing.]PU (...hea [D] I'm...)
　　b. [Turn up the heat.]PU I'm Frances.]P (*...hea [D] I'm...)
　　　　　　　　　　　　　　　　　　　　　(Nespor 1987)

(8) 　British English [r] Epenthesis
　　φ → [r] / [...V___ V...] PU 　　　Domain: Phonological Utterance

(9) 　a. [Close the door. I'm freezing.]PU (...doo [r] I'm...)
　　b. [Close the door.]PU [I'm Frances.]PU (*...doo[r] I'm...)
　　　　　　　　　　　　　　　　　　　　　(Vogel 1986)

ここで、音韻規則適用の有無を決定している、音韻的発話 (PU) は、統語構造からの写像規則 (mapping rules) によるものの他に、以下に挙げられる、語用論的条件 (Pragmatic Conditions) 及び、音韻論的条件 (Phonological Conditions) によっても決定されるものであり、(7) や (9) の現象もこれらによって説明が可能である。

(10) Pragmatic Conditions (These conditions must be met in order to for restructuring to take place (Jensen (1993))

a. The two sentences must be uttered by the same speaker.
b. The two sentences must be addressed to the same interlocutor(s).

(Nespor and Vogel 1986)

(11) Phonological Conditions (These must also be met in order to restructuring to take place (Jensen (1993))

a. The two sentences must be relatively short.
b. There must not be a pause between the two sentences.

(Nespor and Vogel 1986)

さらに、音調句 (IP) においても同様な現象が見られ、以下に見られるように、発話速度の増大による音調句 (IP) の再範疇化によって、英語の鼻音同化規則の説明が可能となる。

(12) a. [I can see him] IP [Good opportunity]IP
       *[ŋ]
    b. [I can see him Good opportunity]IP (rapid speech only)
       [ŋ]

3.1.2. 使用頻度・発話速度と休止との関わり

先に見た、音律範疇の再構築化が、発話速度の増大によって説明されるが、この発話速度と休止 (pause) との関係について、Cooper & Paccia-Cooper (1980) では、以下に挙げるように、否定的接続詞 (negative conjunction) の方が、肯定的接続詞 (positive conjunction) より長くなっている事を指摘している。

(13) a. The tall [Φyet] frail student flunked chemistry.

(negative conjunction)

b. The tall [Φand] frail student flunked chemistry.

(positive conjunction)

c. pause [Φ]：(13a) > (13b)　　　　　(Cooper & Paccia-Cooper 1980)

このように、否定的接続詞の方が、肯定的接続詞よりも、休止が長いという事実から、(11b) の音韻的条件に基づき、音律範疇の再構築に関わっていると言える。したがって、Nespor & Vogel (1986) で挙げられている以下の２つ例の音韻規則適用の違い、すなわち、肯定的接続詞の想定及び否定的接続詞の想定の類例について、具体的な説明はなされていないが、本節では、Cooper & Paccia-Cooper (1980) の例にしたがい、(14) のような肯定的接続詞の想定例では、休止が短い一方、(15) の否定的接続詞の想定例では、休止が長くなるという解釈から、音韻的発話の再構築に違いが生起することになり、音韻規則適用 ([r] 挿入規則) の有無を、音韻的発話的の相異によって的確に説明することができると、本節では理解する。

(14) a. And
　　　　Isabella's lawyer. I'm a doctor.
　　　　…laye[r] I'm…　　　　　　[　　・　]PU

　　　b.Therefore
　　　　I'm shorter. I'll go in the park.
　　　　…shorte [r] I'll…　　　　　[　　　]PU

　　　c. Because
　　　　Hide the vodka. Alvin's coming.
　　　　…vodka [r] Alvon's…　　　[　　　]PU
　　　　　　　　　　　　　　　　　　(Nespor and Vogel 1986)

(15) a. Or
　　　　Finish your pasta. I'll eat it otherwise.
　　　　*…pasta[r] I'll…　　　　[　]PU Φ[　]PU

3.1. 音韻規則適用の分析：使用頻度と発話の速度による再範疇化

b. But
I didn't invite Peter. I should have though.
*...Pete [r] I should....　　[　]PU Φ[　]PU

(Nespor and Vogel 1986)

また、英語のリズム規則においても、その規則適用の度合いは、英語のリズム特有の「等時性」とは関係なく、実際にかかる「物理的時間」が関わっていると、Hayes (1984) で、以下のように述べられている（太字は筆者によるもの）。

(16) Hayes also suggests in appendix that the spacing requirement of eurhythmy counts not syllables but actual time.

(Hayes 1984)

さらに、Kaisse (1990) でも、同様の主張がなされており、以下のような図示が行われている（太字は筆者によるもの）。

(17) Rhythm Rule in English

a. Tennessee abbreviations　　　(adjustment least likely)

b. Tennessee legislation　　　　　↑

c. Tennessee connections　　　　　↓

d. Tennessee relatives　　　　　(adjustment most likely)

(Kaisse 1990)

さらに、Hammond (1999) によれば、英語のリズム規則の適用の有無は、該当する単語の使用頻度によって異なり、使用頻度の高い語同士においては、適用される一方、使用頻度の低い語同士では、適用がなされないと指

107

摘しているが、これは、前者の場合には、2つの単語の間の休止が短く、後者の場合は休止が長いという観点から説明ができ、この休止の違いによって、以下のように音韻句の構築に違いができ、英語のリズム規則の適用をうまく説明することができる（PP による分割は筆者によるもの）。

(18)　a. High frequency: (ántique book) PP
　　　　→ (antíque) PW　(book) PW　→　(ántique book) PP

　　　b. Low frequency: (arcáne) PP (book) PP
　　　　→ (arcáne) PW Φ (book) PW　→　(arcáne) PP (book) PP
(Hammond 1999)

Bush (2001) でも、以下に見られるように、使用頻度の低い (19a) の場合には、2語にまたがる口蓋化 (palatalization) が適用されず、使用頻度の高い (19b) では適用されていると指摘している。

(19)　a. … they didn't talk good you know.
　　　　　　　　　[d] [j] → [dj]　(no palatatlization)

　　　b. Would you like me to teach you how to swim?
　　　　　[d] [j] → [dʒ]　　　　　　(palatalization)

　　　c. [w]ord boundary palatalization is more likely between two words if these words occur together with high frequency.
(Bush 2001)

この Bush (2001) の指摘も、本節の分析に基づけば、(20) に見られるように、使用頻度に基づく、発話速度の違いによって、形成される音韻句 (PP) の領域の相違に基づいて、的確に説明が可能であり、口蓋化の現象は (21) のようにまとめられる。

3.1. 音韻規則適用の分析：使用頻度と発話の速度による再範疇化

(20)
a. (18a) Low frequency: [d] [j] → [dj]
   (good)PWΦ (you)PW → (good)PP (you)PP

b. (18b) High frequency: [d] [j] → [dʒ]
   (Would)PW (you)PW → (Would you)PP

(21)
   (1) Obligatory palatalization: Internal Words → mission [s] [j] → [ʃ]
   (2) Optional palatalizaion I: High frequency → applied
   (3) Optional palatalization II: Low frequency → not applied

さらに、Hooper (1976) によれば、使用頻度の高い語の方が、使用頻度の低い語よりも、曖昧母音 (schwa) の脱落が生起しやすいと述べている。

(22) Schwa Deletion：
   mem[o]ry (High frequency) > arm[o]ry (Low frequency)
   (Hooper 1976)

使用頻度では、アメリカ英語における、語末の [t] / [d] 削除の現象でも見られ、使用頻度の高い語の方が、使用頻度の低い語よりも、削除されやすい事が示されている。

(23)

	Deletion	Non-Deletion	% Deletion
High Frequency	898	752	54.4%
Low Frequency	137	262	34.3%

(Bybee 2000)

また、語の内部構造もその削除に関わっており、その削除の割り合いは、以下のような順序になっている。

(24) 単一形態素 > 不規則変化動詞 > 規則変化動詞
   a. past / cold（単一形態素）

b. kept / told（不規則変化動詞）
   c. passed / called（規則変化動詞）

上記のような、割合いの違いは、機能負担の観点からの説明で、「単一形態素」の場合は、語末要素が削除されても、それほど語の内容に影響を与えず、「規則変化動詞」の場合は、語末要素の削除によって「過去」という文法的機能が損なわれることになり、(24a) の脱落率が一番高く、(24c) の脱落率が一番低いと考えられる。一方、「不規則変化動詞」の語末削除が、(24a), (24c) の中間にあるのは、不規則変化する中央の母音変化によって、最後の「過去」を示す部分の機能負担が、(24c) より低くなるために、脱落率は、(24c) よりも低いと説明されている。

そして、この脱落には、先行する子音の「声」(voicing) が関わっており、先行する子音と「声」が同一の場合には、OCP 原則 (同じ要素の連続を避ける) が適用されることによって、この現象は説明される。

(25) a. told [l][d]　→　*[+ voice] [+ voice]　脱落率 68%
　　 b. kept [p][t]　→　*[− voice] [− voice]　脱落率 66%
　　 c. lent [n][t]　→　　[+voice] [− voice]　脱落率 0%
　　 d. meant [n][t] →　　[+voice] [− voice]　脱落率 0%

(Bybee 2000)

全体的には、「声」が同一性の有無による脱落の割合は、次のようなデータが示されている (OCP 原則が適用された場合の脱落率の方が高い)。

(26) Voice:
　　 [α voice]　　　　0.64
　　 [−α voice]　　　　0.36　　　　　　　　(Guy and Boberg 1997)

さらに、wanna 縮約は、(23b) に見られるように、移動した要素が残していた痕跡 (trace: *t*) によって阻止されると説明されるが、Radford (1997) によれば、(27) に見られるように、だらしない発話では、その痕跡は無視されて、縮約が適用されると述べており、これも明らかに、音韻規則の適用が発話速度によって適用の有無が決定されていることを証明するものである。

(27) a. Who do you want *t* to kiss Bill?
b. *Who do you wanna kiss Bill?

(28) We might suppose that in sloppy speech style, intervening traces are ignored, and so do not suffice to block contraction.

(Radford 1997)

したがって、(27) の wanna 縮約の適用は、2 つの音調句 (IP) が再構築されて、1 つの音調句 (IP) になるということで、的確に説明ができる。

(29) a. (Who) IP (do you want) IP (*t* to kiss Bill?) IP
b. (Who) IP (do you want wanna kiss Bill?) IP

(in sloppy style speech)

また、さきに、見た弾音化や [r] 挿入規則などのような音韻規則は、休止によって適用が阻止される一方、a / an 交替規則のような統語規則は、休止によって規則適用が阻止されないことも、本節の主張を支持するものである。

(30) a. hit… again (*hi [d]…again)
b. far…away (*fa [r]…away)

(31) a. an…Eskimo Pie
b. *a…Eskimo Pie   (Rotenberg 1978)

3.1.3. まとめ

以上、本節では、多くの音韻規則の適用が、使用頻度の違いや、その違いによって引き起こされる発話速度や休止によって再構築される音律範疇の領域の違いによって、的確に説明できることを概観した。

すなわち、音韻規則の適用は、再構築された音律範疇をその適用領域ととして定式化することができるという事は明らかである。

参考文献

Bush, N. (2001) "Frequency Effects and Word-Boundary Palatalization in English." In J. B. Bybee & P. Hooper (eds.) *Frequency and the Emergence of Linguistic Structure*. Amsterdam: John Benjamins. 255–280.

Bybee, J. B. (2000). The Phonology of the Lexicon: Evidence from Lexical Diffusion. In M. Barlow & S. Kemmer (Eds.) *Usage Based Model of Language*. Stanford: CSLI. 65–85.

Cooper, W. E. & J. Paccia-Cooper,(1980) *Syntax and Speech*, Cambridge: Harvard University Press.

Guy, G. and C. Boberg (1997) "Inherent Variability and the Obligatory Contour Principle." *Language Variation and Change* 9. 149–164.

Hammond, M. (1999) "Lexical Frequency and Rhythm," In M. Darnell et al. (eds.) *Functionalism and Formalism in Linguistics*, pp.329–358, Amsterdam: John Benjamins

Hayes, B. (1989) "The Prosodic Hierarchy in Meter," In P. Kiparsky & G. Youmans (eds.) *Phonetics and Phonology* 1. San Diego: Academic Press. 201–260

Hayes, B. (1984) "The Phonology of Rhythm in English," *Linguistic Inquiry* 15. 33–74.

Hooper, J. "Word Frequency in Lexical Diffusion and the Source of Morphophonological Change." (1976) In W. Christie (ed.) *Current Progress in Historical Linguistics*. Amsterdam: North Holland. 96–105.

Jensen, J. T. (1993) *English Phonology*. Amsterdam: John Benjamins. Kaisse, E. (1990) "Towards a Typology of Postlexical Rules," In S. Inkelas & D. Zec. (eds.) *The Phonology-Syntax Connection*. Chicago: CSLI. 127–143

Nespor, M. (1987) "Vowel Degemination and Fast Speech Rules," *Phonology Yearbook* 4, pp. 61–85.

Nespor, M. & I. Vogel. (1982) "Prosodic Domains of External Sandhi Rules," In H. van der Hulst & N. Smith (eds.) *The Structure of Phonological Representation* Part 1. Dordrecht: Foris. 225–255.

Nespor, M. & I. Vogel. (1986) *Prosodic Phonology*, Drdrecht: Foris.

Radford, A. (1997) *Syntax*, Cambridge: Cambridge University Press.

Rotenberg, J. (1978) *The Syntax of Phonology*. Ph.D. dissertation, Cambrdidge: MIT,

Selkirk, E. (1972) *The Phrase Phonology of English and French*, Ph. D. dissertation, Cambridge: MIT.

Selkirk, E. (1984) *Phonology and Syntax*. Cambridge: MIT Press.

Vogel, I. (1986) "External Sandhi Rules Operating between Sentences". *Sandhi*

3.1. 音韻規則適用の分析:使用頻度と発話の速度による再範疇化

Phenomena in the Languages of Europe, In Henning Andersen (ed). Berlin: Mouton de Gruyter. 55–64.

(西原哲雄・都築正喜)

3.2. 発音変異の音韻的要因

　本章では、英語における L の母音化 (L vocalization) を例として、発音変異の音韻的要因と調音動作の組織化について考える。3.2.1. 節では、有声歯茎側面接近音 /l/ の主要な異音と L の母音化との関係について基本的特徴を明らかにする。3.2.2. 節では、L の母音化の出現率に影響を与える音韻的要因を探るために、独自に実施した調査・分析の方法について述べる。3.2.3. 節では、出現率の調査結果を示し、先行研究の成果を参照して、音韻的要因について検討する。3.2.4. 節では、Browman & Goldstein (1992, Goldstein et al. 2006) によって提唱される調音音韻論の研究において得られた知見の幾つかを紹介する。そして、前節で検討した音韻的要因の主要な特徴について、調音データの観察を交えながら探索的に考察する。最後に、3.2.5. 節では、本章のまとめと今後の課題について述べる。

3.2.1. L の母音化

　本節では、容認発音 (RP) における側面接近音 /l/ の主要な異音と L の母音化の基本的特徴を概説する。(1) と (2) の単語における /l/ の発音を考えてみよう（例は Wells 1982: 43, 258 より。|| (主要境界) は休止を示すこととする）。

(1) *let*, *look*, *blow*, *valley*, *million*, *feel* upset, *fall* off
(2) *milk*, *shelf*, *bulb*, *meals*, *always*, *feel*, || *fall* ||, *middle* ||

　(1) の明るい [l] の調音では、舌尖と歯茎の接触と同時に、前舌面が硬口蓋方向に盛り上がるため、前舌母音のような明るい響きがあり、(2) の暗い [ɫ] の調音では、後舌面が軟口蓋方向に盛り上がる（軟口蓋音化）ため後舌母音のような暗い響きがある (Cruttenden 2001: 202)。これら 2 つの側面接近音の調音に共通するのは、舌尖による歯茎接触が形成されることである。

3.2. 発音変異の音韻的要因

(1) と (2) の単語を分析すると分かるように、明るい [l] は母音または [j] の前に現れ、暗い [ɫ] は子音 ([w] を含む) または休止の前に現れる。音質の異なる 2 つの側面接近音は相補分布の関係にあり、音声的に類似しているので、同一音素 /l/ の異音として扱うことができる。(3) は、音素 /l/ と暗い [ɫ] との関係を示す規則である (Wells 1982: 258 の規則に // と [] を補足した)。

(3) $/l/ \rightarrow [ɫ] / \_\_\_\_ \left\{ \begin{array}{c} \| \\ \#_0 C \end{array} \right\}$

規則 (3) は、語境界 (#) の有無にかかわらず、休止または子音が後続する場合は、暗い [ɫ] となることを示している。2 つの異音の分布は、音節内の位置に着目した記述も可能で、その場合は、頭子音 (onset) の /l/ は明るい [l]、脚 (rhyme) 内の /l/ は暗い [ɫ] と特徴づけられる (Carr 1999: 80)。

私たちが分析対象とする L の母音化は、暗い [ɫ] の調音における舌尖による歯茎接触が失われ、[ɤ] または [o] のような後舌母音となる現象である (例は Wells 1982: 258–259 より)。

(4) mi*l*k [mɪŏk], she*l*f [ʃeŏf], fee*l* ‖ [fi:ŏ]、midd*l*e [mɪdo]

(4) の単語に見られるように、L の母音化は暗い [ɫ] を対象とした現象であるため、規則 (5) の音韻環境は、先にあげた規則 (3) と同じである (Wells 1982: 259 の規則に [ ] を補足した)。

(5) $[ɫ] \rightarrow [o] / \_\_\_\_ \left\{ \begin{array}{c} \| \\ \#_0 C \end{array} \right\}$

L の母音化は、英語の様々な地域アクセントにおいて観察されており、その使用に影響を与える社会的要因 (性別、年齢、社会階級など) を明らかにしようとする試みがある。先行研究によると、女性よりも男性の方が、年配者よりも若年者の方が、中流階級よりも労働者階級の方が、L の母音化は頻繁に観察される (Horvath & Horvath 2001, Stuart-Smith et al.

2006, Tollfree 1999)。また、地理的な違い (Horvath & Horvath 2001, 2003) や発話速度の影響 (Wright 1988) も指摘されている。

　これまでのところ、暗い [ɫ] と L の母音化の分布を、異音規則によって記述することができた。L の母音化の使用に影響を与える音韻的要因を探るためには、規則 (5) の音韻環境を更に詳しく考えてみる必要がある。例えば、fee*l* ‖、fe*l*t、fee*l* tired や bott*l*e、bott*l*es は、規則 (5) の音韻環境に適合するが、全ての /l/ について同じ頻度で母音化が起こるのだろうか。また、fee*l* at home のように、後続語が母音で始まる場合は音韻環境に適合しないが、母音化が起こることはないのだろうか。このような疑問を検討するために、英国英語における L の母音化の出現率について独自の調査を実施した。次節では、この調査におけるデータ収集と分析方法について述べる。

3.2.2. データ収集と分析方法

　L の母音化の出現率の調査と、調音の観察という 2 つの目的のために、データの収集には、MOCHA (Multi-Channel Articulatory) データベース (Wrench 2000) を利用した。このデータベースには、英語母語話者が 460 のテスト文を各文 1 回発話したデータが収録されており、その収録には Electromagnetic Articulograph (EMA)、Electropalatograph (動的人工口蓋：EPG)、Electrolaryngograph (ラリンゴグラフ) と音響録音が使用されている。本調査では英国英語話者 3 名 (SE・女性、SA・男性、AP・男性) の発話データを用いた。分析対象は単語末に /l/ を含むケースで、総ケース数は 702 ケースである (語末 /l/ 236 ケース × 3 名─分析不可能 6 ケース)。

　母音化の有無の判断には EPG データを利用した。EPG は、舌と上顎 (歯茎から軟口蓋直前まで) との接触パタンを記録する観測器で、本データベースでは、図 1 のような領域区分を採用している。本調査では、歯茎域に L ゾーン (Scobbie & Pouplier 2010、図 1 の色付き部分) を設定し、このゾーンに 1 つでも接触が記録された場合には「母音化なし」と判断した。

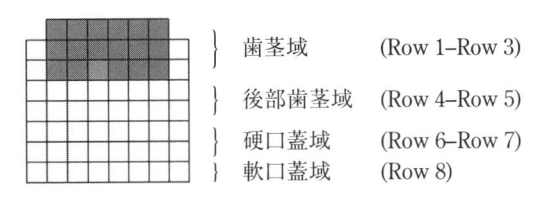

} 歯茎域　　　(Row 1–Row 3)
} 後部歯茎域　(Row 4–Row 5)
} 硬口蓋域　　(Row 6–Row 7)
} 軟口蓋域　　(Row 8)

図 1：EPG の領域区分と L ゾーン

このようにして MOCHA データベースから収集したデータを、(6) にあげた 4 つの音韻的要因によってコード化し、L の母音化の出現率を分析した。

(6) ① 音節内における /l/ のタイプ
　　語末の単独 L (fee*l*)、LC 連続 (mi*l*k)、単独の音節主音 L (bott*l*e)、音節主音 LC 連続 (bott*l*es) の 4 種類
② 後続音
　　後続する単語の最初の音（母音または子音）と休止の 3 種類
③ 後続子音の調音位置
　　唇音 (labial)、舌頂音 (coronal)、後舌面音 (dorsal) の 3 種類
④ 先行子音の調音位置
　　唇音 (labial)、舌頂音 (coronal)、後舌面音 (dorsal) の 3 種類

上の 4 つの要因は、多くの先行研究に共通するものである。要因 ② から ④ の分析では、対象とする /l/ のタイプを次のように限定した：② は単独 L と単独の音節主音 L、③ は LC 連続、④ は単独の音節主音 L である。

3.2.3. L の母音化の出現率と音韻的要因

本節では、出現率の調査結果を提示し、先行研究を参考にして音韻的要因の考察を進める。まず、音節内における /l/ のタイプと母音化の出現率を検討することから始めよう。/l/ タイプの具体例を (7) から (10) に示す。

(7) 単独 L
　　c*l*amshe*ll*, compi*l*e, fi*ll*, ma*l*e, sma*ll*, sto*l*e, tadpo*l*e, unti*l*, ye*ll* など

(8) LC 連続

adu*l*ts, bu*l*bs, fi*l*m, he*l*p, mi*l*k, ski*l*ls, so*l*ves, wea*l*th など

(9) 単独の音節主音 L

co*l*orfu*l*, continenta*l*, critica*l*, origina*l*, simp*l*e, unbeatab*l*e など

(10) 音節主音 LC 連続

anima*l*s, app*l*es, chemica*l*s, examp*l*es, subtit*l*es, symbo*l*s など

表1に示した4つの /l/ タイプでは、LC 連続と音節主音 LC 連続の方が、単独 L と単独の音節主音 L よりも出現率が高いことが分かる。この傾向は先行研究と一致しており、Borowsky (2001) と Stuart-Smith *et al.* (2006) は、LC 連続＞単独の音節主音 L＞単独 L の順に母音化が起こりやすいとしている。/l/ を含む子音連続の特徴は3.2.4節で詳しく考察する。

	母音化%	生起数
単独 L	56	139/248
LC 連続	93	142/153
単独の音節主音 L	65	161/247
音節主音 LC 連続	94	51/54
合計	70	493/702

表1：音節内における /l/ のタイプと母音化の出現率

次に、単独の L と単独の音節主音 L における母音化の出現率について、3種類の後続音（母音・子音・休止）の観点から検討してみよう。

	単独 L		単独の音節主音 L	
	母音化%	生起数	母音化%	生起数
＃子音	80	114/143	90	130/145
＃母音	10	6/60	13	8/63
＃休止	42	19/45	59	23/39

注）n=248（単独 L）、n=247（単独の音節主音 L）

表2：後続音と母音化の出現率

3.2. 発音変異の音韻的要因

単独 L と単独の音節主音 L のどちらにおいても、＃子音＞＃休止＞＃母音の順に、母音化が起こりやすい傾向にある。単独 L の結果は先行研究と一致している (Borowsky 2001, Horvath & Horvath 2001, 2003, Tollfree 1999)。一方、単独の音節主音 L では、＃休止＞＃子音≒＃母音 (Borowsky 2001)、＃休止＞＃子音＞＃母音 (Horvath & Horvath 2003) のように、休止の位置づけが表 2 の結果とは異なっている。

本分析結果における＃休止ケースを、話者別に確認したところ、異なる傾向が示された。単独 L の場合には、SE と SA の母音化出現率は、それぞれ 20%（生起数 3/15）と 13%（2/15）を示しており、休止の前では母音化が起こりにくい傾向にあるが、AP は 93%（14/15）で、母音化が起こる傾向にあった。そして、単独の音節主音 L における出現率は、SE は 77%（10/13）、AP は 85%（11/13）であったが、SA では 15%（2/13）であった。このような結果は、休止には L の母音化を促進する子音（または抑制する母音）のような機能があることを示唆しているが、個人差と /l/ タイプによる差異を更に詳しく分析しなければならない。

では次に、LC 連続における後続子音の調音位置と母音化の出現率の検討に移ろう。表 3 を見ると、後続音によってケース数が大幅に異なるので、全体的傾向を読み取ることは難しい。先行研究を参考にすると、Borowsky (2001) と Horvath & Horvath (2003) は、後舌面音＞唇音＞舌頂音の順に、母音化が起こりやすいとしている。舌頂音には母音化を抑制する働きがあることが示唆されているが、表 3 では、舌頂音は唇音と同程度の出現率を示している。

	母音化 %	生起数
唇音	95	40/42
舌頂音	92	99/108
後舌面音	100	3/3

注）n=153

表 3：LC 連続における後続子音の調音位置と母音化の出現率

Borowsky (2001: 78) は、後続子音が舌頂音の場合に、母音化が起こりにくい理由を調音結合 (coarticulation) の観点から説明している[1]。例えば felt の場合、舌頂音 /t/ の調音を予測するために、/l/ の舌尖による歯茎接触が維持される傾向にあり、母音化は起こりにくいと考えられる。一方、後続する唇音と後舌面音は、/l/ の舌尖の動きを制限しないと考えられるので、母音化が起こりやすいことが推察される (Hardcastle & Barry 1989)。このような解釈に対して、Recasens (1996) は疑問を投げかけている。なぜなら、ロマンス語においては、舌頂音が後続する場合に、母音化が最も起こりやすいからである。ここで注目したいことは、/l/ が子音連続を構成しているという事実である。この点については、表1の結果と合わせて 3.2.4. 節で詳しく考察したい。

　最後に、単独の音節主音 L の先行子音と母音化の出現率を検討しよう。

	母音化%	生起数
唇音	72	73/102
舌頂音	58	38/66
後舌面音	63	50/79

注) n=247

表4：単独の音節主音 L における先行子音と母音化の出現率

唇音 > 後舌面音 > 舌頂音の順に、母音化が起こりやすいことが分かる。これは Cruttenden (2001: 203) の次の記述を裏付けるものである：RP において、beautiful, people など唇音が先行する場合には母音化が使用されるが、uncle, Ethel, parcel のように唇音以外の子音が先行する場合には、やや普通ではない (somewhat less usual)。一方、オーストラリア英語を分析した Borowsky (2001) は、後舌面音が母音化を最も促進し、唇音は先行子音としては母音化を抑制する傾向にあるとしている。

　舌頂音が先行子音の場合において、単独の音節主音 L の母音化が起こりにくいのは、側面開放という独特の調音が一因であると考えられる。データを見直してみると、先行子音が /t, d/ の単語には continental, handle, needle, parental などがあり、母音化の出現率は 25% (6/24) であった。

本節では、先行研究の結果を参考とし、独自の調査結果を交えて、Lの母音化の出現率に影響を与える音韻的要因を検討してきた。出現率の主な特徴として、子音連続を構成している場合には母音化が起こりやすく、母音が後続する場合には起こりにくいことがあげられる。これら2つの傾向について、次節における考察の中で取り上げたい。

3.2.4. Lの母音化と調音動作の組織化

3.2.1.節において、/l/ の調音を構成する舌尖と舌背の構え (posture) について述べ、/l/ の異音を分節音として特徴づけた上で、暗い [ɫ] とLの母音化の分布を異音規則で記述した。本節では、調音器官の連続的活動の観点から、Lの母音化と音韻的要因を考えてみたい。

話す行為 (speaking) を調音器官の連続的で円滑な活動として捉えるとき、その基本単位となるのは調音動作 (articulatory gesture) である。調音動作は、聴覚上の重要な情報を生成するための、声道内における狭め (constriction) の形成と開放という一連の運動であり (Goldstein et al. 2006)、狭めの度合いによって、母音動作 (vocalic gesture) と子音動作 (consonantal gesture) に大別される (Sproat & Fujimura 1993)。調音音韻論の枠組みでは、調音動作は音声的単位であるとともに、音韻対立を示す単位であると仮定されている (Goldstein et al. 2006)。

このような調音動作には、協調タイミングに対する音節位置の効果 (syllable position effects) と、音節末における縮約 (final reduction) という2つの特性があると考えられている (Browman & Goldstein 1995)。以下では、これら2つの特性に基づいて、/l/ の調音動作を検討する。

音節位置の効果は、ある音の産出を構成する調音動作の協調タイミングが、音節頭と音節末に対応して、独特に調整されることである。Browman & Goldstein (1995) は、X線マイクロビームを用いて、leap と peel における /l/ の調音運動を分析した。どちらの /l/ も舌尖上昇 (tip raising) と舌背後退 (dorsum retraction[2]) という2つの調音動作で構成されることを確認した上で、leap の /l/ では、舌背調音の終止点が舌尖調音のそれとほぼ同期するが、peel の /l/ では、舌背調音の終止点が舌尖調音の開始点とほ

ぼ一致することを例証した。これを図式化すると次のようになる。

(11a) leap の /l/　　　　　　(11b) peel の /l/

　　舌尖調音　　　　　　　　　　　舌尖調音

　　舌背調音　　　　　　　　　　　舌背調音

(11b) に示したように、音節末の /l/ では、舌尖調音が舌背調音に遅れて実現される。この舌尖調音と舌背調音の「時間的ズレ」は、/l/ に後続する境界の強さと、/l/ が含まれる脚の継続時間によって影響を受ける。Sproat & Fujimura (1993) は、境界の強さを形態素境界＜複合語境界＜句境界（動詞句、動詞句内、音調）に分類し、/l/ が含まれる脚が長く、後続する境界が強い方が、調音動作の時間的ズレが大きくなることを実証している。

　もうひとつの特性である音節末における調音動作の縮約 (final reduction) は、調音動作の大きさ (size) に関係している。音節末の /l/ においては、歯茎接触を形成するための舌尖の上昇動作の高さが、音節頭の /l/ の場合よりも低くなる傾向にある (Browman & Goldstein 1995)。すなわち、子音動作が縮約するのである。Browman & Goldstein は、調音動作の縮約は音節末に独特の特性と考えられるが、縮約が生ずる原因は明確ではないとしている。

　では、調音音韻論のモデルに当てはめると、Lの母音化はどのように特徴づけられるだろうか。音節位置の効果と音節末の縮約に基づき、Gick (1999: 40) は次のように述べている：舌背調音が維持される一方で、音節末において時間的に遅れて実現される舌尖調音が極度に縮約してLの母音化が起こる。この見解は母音化の実現に関わる調音動作の編成を述べているが、音韻的要因の効果は考慮されていない。前節で示したように、音節末の /l/ であっても、子音連続を構成する場合は母音化の出現率が高く、母音が後続する場合は出現率が低い傾向であった。以下では、単語の調音データを提示し、LC連続と母音が後続するケースについて検討を進めたい。

3.2. 発音変異の音韻的要因

　図2の5つのパネルは、上から順にウェイブフォーム、3つのEMAデータとEPGデータである。

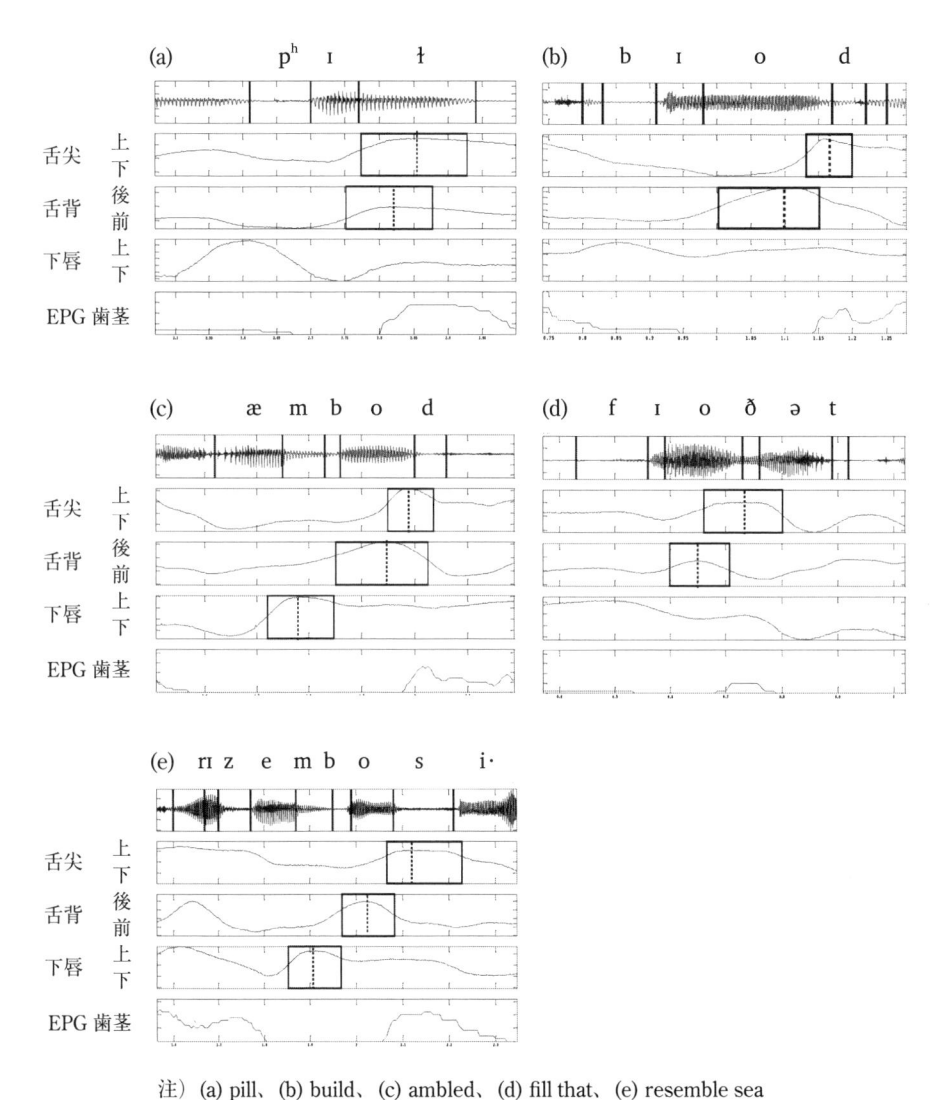

(a) pʰ ɪ ɫ　　(b) b ɪ o d

(c) æ m b o d　　(d) f ɪ o ð ə t

(e) rɪ z e m b o s iˑ

舌尖　上下
舌背　後前
下唇　上下
EPG 歯茎

注）(a) pill、(b) build、(c) ambled、(d) fill that、(e) resemble sea

図2：/l/ を含む語句の調音・音響データ

図2では、ウェイブフォームに分節化を加え、母音化した /l/ は [o] で表記した。EMAデータは、舌尖の縦（上下）の動き、舌背の横（前後）の動き、下唇の縦の動き（上下）を提示した。EMAデータにおいて、該当する調音動作は四角で囲み、そのピークを点線で示した[3]。EPGデータは、歯茎域（3.2.2. 節・図1参照）の接触量の変化を示している。図2(a) は pill を発音したもので、音節末 /l/ における舌尖調音と舌背調音の協調タイミングにズレがあることが確認できる。(b) build と (c) ambled は、LC連続と音節主音 LC 連続において母音化が生じている例である。そして、(d) fill that と (e) resemble sea は、/l/ ＋語境界＋子音における母音化の例である。

　高い母音化出現率を示した LC 連続（音節主音 LC 連続は除く）には、独特の音声的特徴が存在する。子音連続における子音の継続時間は、その子音が単独の場合よりも短くなることはよく知られている。Haggard (1973) は、LC連続における /l/ の継続時間は唇音が後続する方が、舌頂音が後続する場合よりも短くなる傾向があり、/l/ に後続する子音の継続時間は、唇音の方が舌頂音よりも短い傾向があることを明らかにしている。このような継続時間の特徴に基づき、Borowsky (2001) は LC 連続中の /l/ の算出を構成する子音動作には、調音目標に到達するための十分な時間がないという見方を提案し、舌尖調音のアンダーシュート (undershoot) が LC 連続に起こりやすいことを指摘している (cf. Sproat & Fujimura 1993)。

　LC 連続には興味深い現象がもうひとつある。図3(a) の母音化がない場合と (b) の母音化がある場合を比較してみよう。

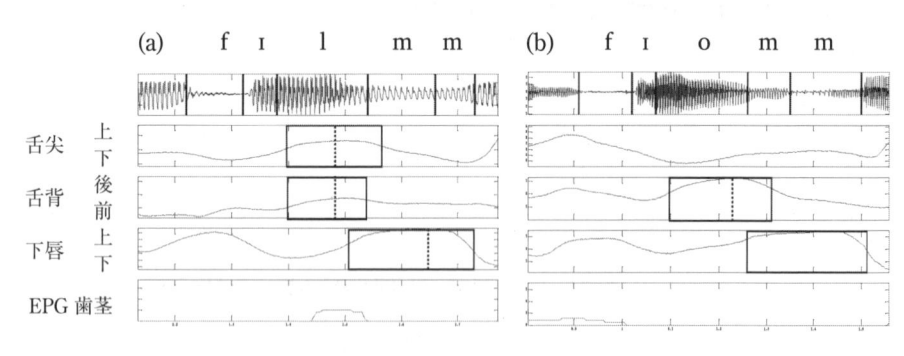

図3：「...film, many...」の調音・音響データ

3.2. 発音変異の音韻的要因

　図 3(a) では、時間的に遅れるはずの舌尖調音が舌背調音とほぼ同期しており、その舌背の後退動作は図 3(b) に比べてかなり抑制されていることが分かる。この舌尖調音の「移動 (shift)」を図式化すると (12) のようになる。

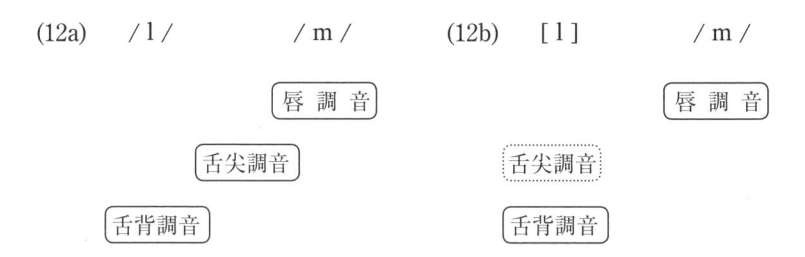

(12a)　　/ l /　　　　／ m ／　　(12b)　　[l]　　　　／ m ／
　　　　　　　　　唇　調　音　　　　　　　　　　　　　　唇　調　音
　　　　　　舌尖調音　　　　　　　　　　　　　舌尖調音
　　　　舌背調音　　　　　　　　　　　　　　舌背調音

　LC 連続における舌尖調音の移動を指摘している研究で、筆者が気づいたのは、Marin & Pouplier (2010) による調音分析だけである[4]。彼女等は、音節末 /l/ (ball、gull) と LC 連続 (bulk、gulp) について、頭子音 (/b/ と /g/) の開放時から /l/ の舌尖調音ピークまでの継続時間を測定し、LC 連続 (/-lk/ と /-lp/) の方が、単独の音節末 /l/ よりも継続時間が短いことを報告している。このような「移動」は音節位置の効果・音節末の縮約という調音動作の特性とも関連しており、LC 連続における /l/ の舌尖調音が不安定であることを示唆するものと思われる。この点については、L の母音化の。調音過程を明らかにするために、今後の調査・分析が必要である。

　では、最後に、/l/ の母音化が起こりにくい場合について、後続母音の強勢に着目して考えてみよう。図 4(a、b) は単独の音節末 /l/、(c、d) は単独の音節主音 /l/ の例である。後続母音に強勢がない (a) fail as における /l/ の調音動作には音節末 /l/ の特徴が見られる。一方、後続母音に強勢がある (b) fell out では、舌尖調音は比較的小さく舌背調音と同時的に実現され、舌背調音は、後続する二重母音の第 1 要素を含めた範囲で制御されている。このような違いは、音節主音 /l/ の例 (c、d) にはみられない。

現代音声学・音韻論の視点

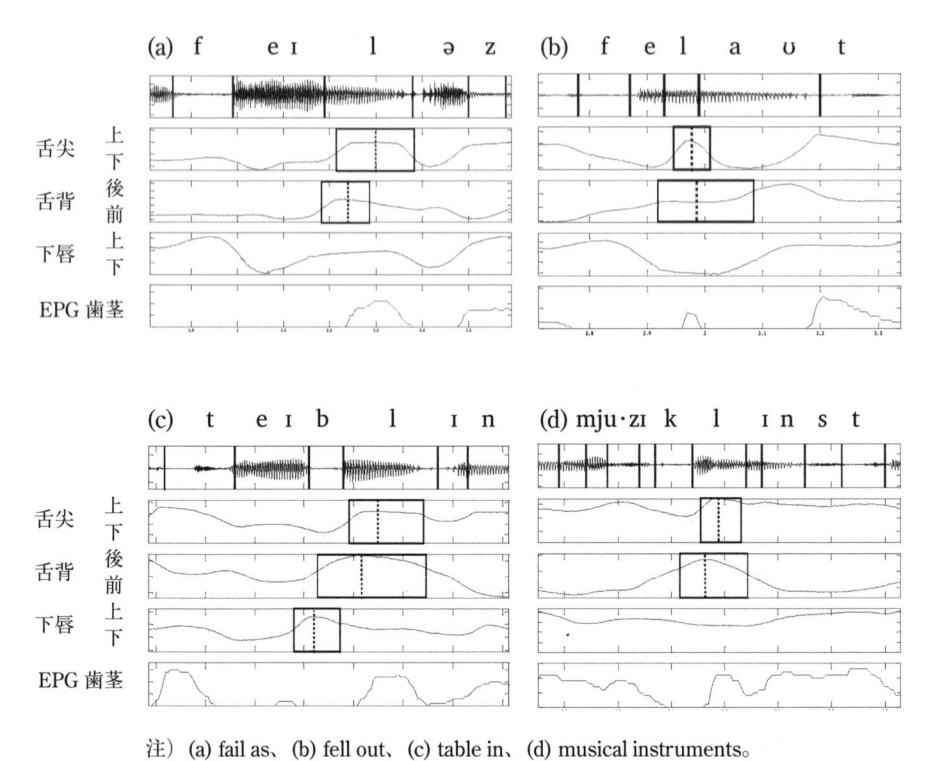

```
     (a) f    eɪ    l    ə    z       (b) f    e    l    a    ʊ    t
舌尖 上下
舌背 後前
下唇 上下
EPG 歯茎

     (c) t    eɪ   b    l    ɪ    n   (d) mju·zɪ   k    l    ɪ   n   s   t
舌尖 上下
舌背 後前
下唇 上下
EPG 歯茎
```

注) (a) fail as、(b) fell out、(c) table in、(d) musical instruments。

図4:/l/ を含む語句の調音・音響データ（母音化の有無）

　後続母音が /l/ の母音化を抑制する傾向は、/l/ の音節属性に関係があると考えられている。音節末の尾子音 /l/ が、連続音声において、両音節性 (ambisyllabicity) をもち、後続語の頭子音としての位置づけを得るからである (Borowsky 2001)。両音節性を調音動作の観点から特徴づけようとする試みはあるが、一致した見解には至っていない。Gick (2003) は、両音節性をもつ /l/ は、頭子音 /l/ と尾子音 /l/ の中間的特徴をもつと提案している。それに対して、Scobbie & Pouplier (2010) は、両音節性をもつ /l/ の舌尖調音が、頭子音 /l/ の特徴を示すことは確実ではないが、その舌背調音は尾子音 /l/ の空間的特徴を示すと指摘している。図4に示したデータは、当該音韻環境において、舌尖調音と舌背調音が別々に機能するという Scobbie & Pouplier の観察に適合すると思われるが、後続母音の強

勢の有無と、音節主音 /l/ の舌尖調音の特徴とともに、今後更なる分析が必要である。

3.2.6. まとめ

　本章では、発音変異形の出現率と音韻的要因について、英語における L の母音化を例として考察を進めてきた。先行研究を参考とし、独自調査の結果を交えて、L の母音化の出現率に影響を与える音韻的要因を検討した。主要な音韻的要因として子音連続を構成するケースと、母音が後続するケースについて、調音動作の組織化の観点から考察した。LC 連続については、子音連続に独特な継続時間の制御と舌尖調音の移動 (shift) を例として、舌尖調音の不安定性を指摘した。そして /l/ ＋語境界＋母音の連続については、両音節性・後続母音の強勢の有無と舌尖・舌背調音との関係に焦点をあて、今後の検討の必要性を述べた。調音音韻論の枠組みによる分析は、/l/ における発音変異を、調音動作の組織化によって実現する連続的現象として捉えられることを示唆しており、発音変異研究に関して新しい見方を提供するものであると結論することができよう。

　本章で取り上げたような発音変異を、更に別の角度から探究するとしたら、変異形の使用とその記憶・処理との関係は、候補のひとつとなるだろう。例えば、用法基盤モデル (Usage-based Model) と呼ばれるアプローチでは、文法 (Grammar) は固定した存在ではなく、言語使用によって常に変化するものであり、単語の心的表示 (mental representation) は、使用された具体例から構成されると仮定している (Bybee 2001: 57–58)。本章で示した L の母音化の出現率や、その出現率に影響を与える音韻的要因、そして (本章では詳しく取り上げていないが) 先行研究で指摘されている様々な社会的要因は、単語の心的表示の構成に、どのように関係しているのだろうか。発音変異形の調査・分析を通して考察した疑問は、新たな疑問への出発点になっているようである。今後、様々なアプローチで発音変異の調査・分析が進展することが望まれる。

注

＊本論の一部は、The 13th Meeting of the International Clinical Phonetics and Linguistics Association, Oslo, June 23–26, 2010 において、L-vocalization in English: an articulatory-acoustic analysis のタイトルで口頭発表したものである。本研究は、平成 23 年度日本学術振興会科学研究費基盤研究 (C)（課題番号 21520415）の補助を受けている。

[1] この傾向について、Borowsky (2001: 75) は、talk、half などの語の発音において /l/ が消失し、halt、fold などでは /l/ が残存する歴史的音韻変化と並行することを指摘している。

[2] Sproat & Fujimura (1993: 309) は、暗い [ɫ] における副次調音を軟口蓋音化と特徴づけることに疑問を投げかけている。彼らは、舌背後退が明らかな特徴であるとする。本研究の調査では、音節末 /l/ について、舌背上昇と舌背後退の両方が観測されたが、後者の方が一貫して表れる傾向にあったため、EMA データの舌背調音は前後の動きを提示することとした。

[3] これらは、速度 (tangential velocity) に基づき特定した。最少速度を示す箇所（点線）を調音目標への到達段階とし、最大速度を示す箇所（四角の左右の辺）を、調音目標への入出にあたる移行段階と定義した。

[4] Marin & Pouplier (2010) は、Browman & Goldstein (1988) が提案した C-center 仮説の検証を目的とした研究である。/-lp/ と /-lk/ データには母音化ケースがあると述べており (393)、継続時間データには個人差による変動もあるため、ここで紹介することは、最終的な記述と考えてはならない。

参考文献

Borowsky, T. (2001) "The vocalization of dark l in Australian English." In D. Blair and P. Collins (eds.) *English in Australia*. Amsterdam: John Benjamins Publishing Co., 69–87.

Browman, C.P. and L. Goldstein. (1988) "Some Notes on Syllable Structure in Articulatory Phonology." *Phonetica* 45, 140–155.

Browman, C.P. and L. Goldstein. (1992) "Articulatory Phonology: An Overview." *Phonetica* 49, 155–180.

Browman, C.P. and L. Goldstein. (1995) "Gestural Syllable Position Effects in American English." In Bell-Berti, F. and L.J. Raphael (eds.) *Producing Speech*. New York: AIP Press, 19–33.

Bybee, J. (2001) *Phonology and Language Use*. Cambridge: Cambridge University Press.
Carr, P. (1999) *English Phonetics and Phonology*. Oxford: Blackwell.
Cruttenden, A. (2001) *Gimson's Pronunciation of English*. Sixth Edition. London: Arnold.
Gick, B. (1999) "A gesture-based account of intrusive consonants in English." *Phonology* 16, 29–54.
Gick, B. (2003) "Articulatory correlates of ambisyllabicity in English glides and liquids." In J. Local et al. (eds.) *Phonetic Interpretation: Papers in Laboratory Phonology* VI. Cambridge: Cambridge University Press. 222–236.
Goldstein, L., D. Byrd, and E. Saltzman. (2006) "The role of vocal tract gestural action units in understanding the evolution of phonology." In M. A. Arbib. (ed.) *Action to Language via the Mirror Neuron System*. Cambridge: Cambridge University Press, 215–249.
Haggard, M. (1973) "Abbreviation of consonants in English pre- andpost-vocalic clusters." *Journal of Phonetics* 1, 9–24.
Hardcastle, W. J. and W. Barry. (1989) "Articulatory Perceptual Factors in /l/ vocalizations in English." *Journal of the International Phonetic Association* 15(2), 3–17.
Horvath, B. M. and R. J. Horvath. (2001) "A multilocality study of a sound change in progress: The case of /l/ vocalization in New Zealand and Australian English." *Language Variation and Change* 13, 37–57.
Horvath, B. M. and R. J. Horvath. (2003) "A closer look at the constraint hierarchy: Order, contrast, and geographical scale." *Language Variation and Change* 15, 143–170.
Johnson, W. and D. Britain. (2007) "L-vocalization as a natural phenomenon: explorations in sociophonology." *Language Sciences* 29, 294–315.
Marin, S. and M. Pouplier. (2010) "Temporal Organization of Complex Onsets and Codas in American English: Testing the Predictions of a Gestural Coupling Model." *Motor Control* 14, 380–407.
Recasens, D. (1996) "An Articulatory-Perceptual Account of Vocalization and Elision of Dark /l/ in the Romance Languages." *Language and Speech* 39(1), 63–89.
Scobbie, J. M. and M. Pouplier. (2010) "The Role of Syllable Structure in External Sandhi: an EPG study of vocalization and retraction in word-final English /l/." *Journal of Phonetics* 38, 240–259.
Sproat, R. and O. Fujimura. (1993) "Allophonic variation in English /l/ and its implication for phonetic implementation." *Journal of Phonetics* 21, 291–311.

Stuart-Smith, J., C. Timmins, and F. Tweedie. (2006) "Conservation and Innovation in a Traditional Dialect: L-vocalization in Glaswegian." *English World Wide* 27(1), 71–87.
Tollfree, L. (1999) "South East London English: discrete versus continuous modeling of consonantal reduction." In P. Foulkes and G. Docherty (eds.) *Urban Voices: Accent Studies in the British Isles*. London: Arnold, 163–184.
Wells, J. (1982) *Accents of English*. 3 vols. Cambridge: Cambridge University Press.
Wrench, A. (2000) "A multi-channel/multi-speaker articulatory data- base for continuous speech recognition research." *Phonus* 5, 1–13.
Wright, S. (1988) "The Effects of Style and Speaking Rate on /l/ Vocalization in Local Cambridge English." *York Papers in Linguistics 13: Selected Papers from the Sociolinguistics Symposium*, 355–365.

(中村光宏)

3.3. New Englishes
──シンガポール英語とインド英語の場合

3.3.1. 英語使用の拡大

　世界に存在する言語の数は、3,000 ～ 5,000 と推定されています。大多数の国々では、少なくとも2つの言語が使用され、パプア・ニューギニアやカメルーンなどいくつかの国では何百という言語が使用されています。1億以上の使用者がいる「大言語」と呼ばれる言語が多くあります。それらは、中国語（北京語）、英語、ヒンデイ語、スペイン語、アラビア語、ポルトガル語、ロシア語、ベンガル語、日本語、ドイツ語です。中国語を母語とする人口は約11億余、英語を母語とする人口は約3億7000万余、次いで、ヒンデイ語とスペイン語の母語話者は約3億余と推定されています。

　これらの大言語の中で、なぜ英語が世界の共通語（リンガ・フランカ lingua franca）の地位を占めているのでしょうか。これについて、英語自体の資質を挙げる人がいます。その資質とは、英語は、「他言語と比べて表現が明晰である」、「論理性が高い」、「イギリスの劇作家シェークスピア (1564–1616) の作品中で使用された英語を代表として洗練され品格がある」、「文法の構造が容易である（例えば、他言語と比べて語尾変化が少ない）」などです。しかし、これらは、英語の世界的普及を説明する本質的な理由ではありません。本質的な理由は、第1に科学技術の分野で英語話者が圧倒的に多数を占めており、彼らが世界経済を支配することになったこと、第2に英語を第2言語として使用するアジアやアフリカの国々がかつてイギリス帝国 (British Empire) の植民地であったこと、第3に20世紀以降のアメリカの圧倒的な経済的、軍事的、文化的影響力が英語の拡散につながったということです。特に庶民レベルで言えば、アメリカのテレビ番組や映画、音楽が英語の普及に計り知れない貢献をしてきました。

　英語は、アジアのリンガ・フランカです。アセアン（ASEAN、「東南アジア諸国連合」タイ、インドネシア、マレーシア、フィリッピン、シンガ

ポールなど 10 ケ国がメンバー）では、1967 年の結成当初から英語が公用語となっています。

　最近、私たちの周りでは様々な英語が聞かれます。昨年度から本格実施となった小学校での「英語活動」（5・6 年生対象）では、日本の地域社会に住む多くの東南アジアの人たちが英語指導助手をしています。シンガポール英語、インド英語、フィリッピン英語などには独得の癖がありますが、高等教育を受けた人の英語は比較的理解しやすいと言えます。これら国では英語は学校で使用される言語 (medium of instruction) です。

　David Graddol (1997) によれば、世界で英語を第 1 言語としている人は約 3 億 7500 万人、第 2 言語としている人は同じ 3 億 7500 万人、2050 年になると後者の数が前者を超えるだろうと見込まれています。また、David Crystal (1997) は、英語の変種を 3 つの円で示しています。

(1) Inner circle— 第 1 言語 (English as a first language) としての英語話者：アメリカ、イギリス（連合王国）、カナダ、オーストラリア、ニュージーランドなど。

(2) Outer circle—第 2 言語 (English as a second language, ESL) としての英語使用者：シンガポール、インド、フイリピンなど。

(3) Expanding circle—外国語 (English as a foreign language, EFL) としての英語使用者：日本、韓国、中国、台湾など。

　1980 年代からは Outer circle の英語は、New Englishes と呼ばれるようになりました。今後ますます英語を使用する人が増えていき、彼らは、ネイテイブ・スピーカーと同じように話したり書いたりせずに、自分たちの都合に合わせて英語を変えていくでしょう。以前は「英語」は the English language と表記されましたが、今日では the English languages と複数形として表されることがあります。また、World Englishes という表現も一般化しています。つまり、ネイテイブ・スピーカーは、特定の英語の言い回しや発音が正しいか、正しくないかを判断する特権を失いつつあるということです。特に発音はデリケートな問題です。ESL や EFL の授業では、ネイテイブ・スピーカー講師は、意思疎通 (intelligibility) が可能でありさえすれば、生徒・学生の発音を矯正することを遠慮しています。それは、"politically incorrect" であると考えられ、差別的や人権侵害になるかもし

れないからです。しかし、その一方では、社会的成功のために標準英語発音を習得したい人たちも多くいますので、皮肉な現状です。

"I know our teachers here at my college are discouraged from using the term *accent* and talk about communicating with effective pronunciation instead. Courses such at 'accent reduction' or accent adjustment'... could well evolve into a human rights complaint. Accent is tied to ethnic identity."[1]　注：accent：訛り

以下の英文は、インド英語に関するものです。

"According to our Western ears they have pronunciation problems. But Indian English is supported by this huge country with a state-of-the-art media to back it up, including their versions of MTV, cable channels, and the increasingly English-speaking Bollywood. <u>Having a Westerner take the initiative to correct their accent could be the equivalent of a 19th century English aristocrat correcting the speech of a North American or Australian.</u> Still, there are problems, especially when they come to North America…"[2]　[下線は伊達が追加]

シンガポールでは、中国系の若者は、英語を話せない両親や祖父母などとは中国語で話し、兄弟姉妹とは英語で話しています。また、英語は、政治、経済、行政、教育などにおいて「公用語」の一つとして用いられています。多民族・多言語社会であるインドでは、連邦公用語のヒンデイ語をはじめ各州に公用語があり、英語は連邦準公用語になっています。英語は、社会・経済的成功の鍵であり、多くのエリート層は家庭では英語を用いています。

3.3.2. シンガポール英語

シンガポールは淡路島ほどの大きさです。人口は約 500 万人で、多数派の中国系 (75%) とマレー系 (14%)、インド系 (9%)、その他 2% から成りたっています。公用語は、中国語 (Mandarin Chinese)、英語、マレイ語 (Malay)、タミル語 (Tamil) です。なお、シンガポール英語は、マレーシア、タイなどで使われる英語と多くの共通点があります。特に注目するべ

きことは、今日、英語はシンガポールの子ども達にとって第1言語（母語）になっていることです。

> "Increasingly teachers are being produced for whom English is their primary language and increasingly, for children entering primary school, in the "better" schools, English is their primary or sometimes only-language."[3]

以下は、後で紹介するインタビュー中で、教師志望の女子学生 (S) が話している内容の一部です。

I: What language do you speak at home?
S: Er…Chinese most of the time, and English to my sister if we're in some kind of domestic conspiracy and we're trying to hide something from our parents.
I: Because they can't understand?
S: Yeah.
I: OK. What do you speak outside of the home?
S: Most of the time a mixture of Chinese and English.

英語が全世界的なリンガ・フランカの地位を得た結果、国際的なコミュニケーションの手段になっていますが、一方では、問題もないわけではありません。英語が世界の様々な地域に土着化し、そこでの現地語（民族語）を部分的に採り込んだために、外国人には理解できないことがあります。シンガポールでは、1990年代になると、公用語である英語の使用法をめぐって議論が起こり始めました。TVコメディ『プア・チューカン』(*Phua Chu Kang*) の中で建築下請け業者プア・チューカンがまくし立てる口語シンガポール英語 (Singlish) が子どもたちに悪影響を与えるとして槍玉に挙げられました。例えば、"Use your blain!" (=Use your brain.), "Don't pray, pray!" (=Don't fool around.) は彼の口癖です。議論では、「シングリッシュは正しい英語教育を歪め、国のイメージ・ダウンになる」という意見と「シングリッシュは、シンガポールの証しであり、何も恥じることはない。どんどん使えばよい。」という意見が真っ向から対立しました。ついに、政府がシングリッシュ追放に乗り出し、小・中学校の教員が英語の研修を受けることになりました。

3.3. New Englishes——シンガポール英語とインド英語の場合

"The launch of the Singapore Speak Good English movement in 2000 was an attempt to address the problems of those Singaporeans who can only speak what is called Singapore Colloquial English, or Singlish."[4]

シングリッシュは、中国語、マレー語、インド語をミックスしていることがあります。例えば

(i) A: Can do me a favour-ah?
B: Can.
(ii) Aiyah, don't be so Kayu-lah! (=Come on, Don't be so inflexible![5]
(iii) Waah, she's really boh chap, always come to office late.
(=Oh, she's so unconcerned,...) 同上

シンガポール人が、シンガポール人以外の人と話す際には、もっと標準語に近い英語を話しますが、それでも独得の訛りがあり、しばしば聞き取りが難しいことがあります。

"Foreigners coming to Singapore are often surprised that Singaporeans, while being fluent in English, may nevertheless be rather difficult to understand."[6]

確かに、シンガポールの人が話す英語にはしばしば面食います。早口でまくしたてるような印象をもちます。私は、30年前にオーストラリアで少し困惑した経験があります。留学先の首都 Canberra を出て、仲間と車でシドニーの中心街に乗り入れたとき、埠頭に行く道が分からず、中国系らしき露天商の男性に "Which way is the seaside?" と尋ねると、彼は早口で「サキュラキはもうすぐだ、あそこに鉄橋が見えるだろう。そこだ。」という意味のことを言いました。私達は、"サキュラキ" が何のことだか分からないままに鉄橋に向かって車を走らせました。そこに着き暫くしてから、その語の意味が判明しました。それは、Harbour Bridge を近くに望む「サーキュラ・キー」（Circular Quay 円形上の埠頭の意味）のことでした。多分、露天商は香港かシンガポール出身だったのでしょう。その後、大学のキャンパスで出会うシンガポール出身の学生の発音にも標準英語の長母音が短母音になる傾向があることが分かってきました。このシンガポール訛りのことを知っておくだけでもシンガポールに行けば聞き取りが向上するでしょう。そうでないと、有名な屋台村 food market [fuʔ

135

ˈmake?] のある Newton Circus [ˈnjʊtɒn ˈsəkas] さえも聞き逃すでしょう。

シンガポールの学校では、伝統的にイギリス式発音（つまり Received Pronunciation、RP）が教えられていますが、実際には、シンガポール英語は、様々な中国語方言（Mandarin, Hokkien, Cantonese, Teochew など）、タミル語、マレー語、インド語方言などの影響を受けていて、私たちが抱いているイギリス英語とは違って、何となくせかせかして抑揚の起伏が乏しいように聞こえます。

シンガポール英語は New Englishes の代表としてよく文献などに紹介されます。シンガポール人にとって、英語は外国人とのコミュニケーションのための手段だけではなく、自分たちどうしの共通語でもあります。ただし、シンガポール英語といっても、決して一枚岩ではなく、標準イギリス英語に近いものから、外国人にはチンプンカンプンの informal な日常語 Singlish があります。また、それは、マレーシアでは Manglish と呼ばれます。

> "We cannot speak about SgE as a homogeneous, monolithic whole. The two main varieties... are Singapore Standard English (**SSE**) and Singapore Colloquial English(**SCE**) or Singlish. The former will be defined as the variety of English (spoken and written) used by educated Singaporeans for formal purposes; that is, for education, law, and the media. Thus, SSE does not differ markedly in grammar and vocabulary from Standard English(**StdE**) but it is spoken with <u>a Singaporean accent</u>. SCE, more commonly known as Singlish has been the subject of much media and academic attention."[7]

3.3.3. Singapore Standard English 対 Standard English

シンガポール英語と言えば、とかく Singlish だけが話題になりがちで、Singapore Standard English (SSE) は殆ど論じられることがないように思います。本項では SSE の発音の特徴を論じていきます。その際に信頼すべき資料となるのは、*English in Singapore: Phonetic Research on a Corpus* (2005) に収められている CD コーパスです。この CD には、シンガポール

3.3. New Englishes——シンガポール英語とインド英語の場合

の National Institute of Education の教員 (British senior lecturer) が、教職を目指す男女学生約 50 名に対して行ったインタビュー（各自約 5 分）が収録されています。彼らの英語を聞くと、SSE にもかなりのバライエティがあることが分かります。なお、学生の大半は中国系ですが、インド系やマレー系の学生が少しいます。私は、この本の 1 章 ("The intelligibility of Singapore English from a Japanese perspective" pp. 173-183) を執筆するために、上記の教員から送られてきた CD を何度も聴きました。学生たちは、将来、学校の先生になる希望をもっていますので、彼らの英語は educated type と言えます。それでも日本人を含め外部の人達には、a Singaporean accent や独特の syntax のために戸惑う箇所が多くあるでしょう。全てのインタビューは "Can you tell me what you did during the vacation?" で始まります。

詳しい音声的特徴は後述しますが、ページ数制限のために主として文脈から取り出した単語や短い文だけの紹介になりますので、最初だけは実際の文脈の中での事例を提示します。[I: 前述の教員、S: 学生]

1. I: Can you tell me what you did during the vacation?
   S: Um, basically I did…I rest a lot, I rest a lot. I was actually quite stress at first, I told you about it, whether I ought to start thinking about my honors and stuff like that, but I realized I was so tired 'cos I've been working non-stop since the start of the year until the end of teaching practice. So after that I just practically went to look around for laptops…and…just idle at home, read a lot of story books, and…that's about all, ah.

この男子学生の英語では、(i) あまり意味のない文副詞 basically, actually, practically を多用する癖がある。しかも全ての音節に強勢を置き、特に文頭では -ly を平板調で引き伸ばして発音する (*basicalee*)、(ii) rest と stress では、過去形や過去分詞を表す接尾語 -ed がなく、read も現在形の発音をしている、(iii) start, working, read, teaching 中の強勢音節の母音が短母音になる (*stat, wokking, rid, tiching*)、(iv) tired が 2 音節になる (*tie-ahd*)、(v) told と home はそれぞれ [to:l] と [ho:m] になる。(v) シンガポール英語に特徴的な文末付加語 ah（後述）がある。

2. I: OK, what did you do during the vacation?
   S: I went over to KL for three or four days, <u>couldn't remember</u>…
   And <u>then</u> I spent the rest of the holidays rotting away.
   I: Rotting away? Did you just sleep all the time, or did you read?
   S: I <u>read</u> a little but I prefer sleeping.
   I: What did you read?
   S: Oh, I <u>started</u> on this series on Xanth by Pierce Anthonys.
   I: What's that about?
   S: It's <u>fantasy</u>…where <u>every citizens</u> possessed a single talent which is a magic, magical gift to them.
   I: If you had one single talent, what would it be?
   S: Knowing how to answer <u>every questions</u> <u>posed</u> to me well.
   I: What did you do in KL?
   S: Um…<u>spend</u> time shopping and eating.
   I: Is the food in the KL better than Singapore?
   S: It's cheaper and the food over at the those wet markets are very much better I think.

　これは、女子学生の英語ですが、(i) couldn't remember では主語が脱落している、(ii) read [ri:d] と spend がそれぞれ過去時制 read [red] と spent の代替発音になる、(iii) fantasy の3音節とも強勢を置き、しかも、最後の音節を引く伸ばしている (*fan-ta-zee*)、(iv) every citizen<u>s</u>, every question<u>s</u> となっている、(v) posed の母音が長母音 [o:] となっている、(vi) then, those の語頭の子音が [d] になっている、(vii) started, markets の第1音節の母音が短母音になる (*statted, makkets*)。

　1.と2で見られるこのような特徴は、同一話者の英語の中で必ず起るのではありませんが、SgE には、しばしば認められる傾向です。以下では、その特徴を整理して説明をします。

3.3.4. 超分節的特徴

a. 語強勢
複音節語中でどの音節が強勢を受けるかを判断することが難しいことがある。全ての音節が同じような強勢を受け、しばしば最後の音節が少し引き伸ばされる傾向がある。

story (*storee*), funny (*funnee*), money (*monee*), scenery (*sceneree*), basically (*basicalee*), actually (*actualee*), finally (*finalee*)

b. 核強勢
標準英語 (StdE) では、すべての音調単位には必ず核強勢を受ける語があり、下記のように、その語を起点としてピッチの大きな変動 (the most prominent pitch movement) が起る。

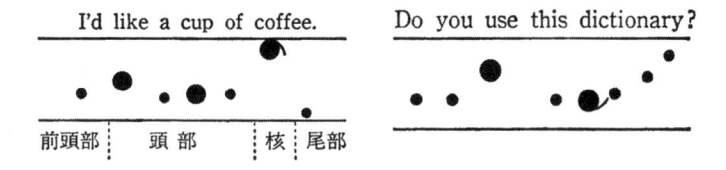

I'd like a cup of coffee.　　Do you use this dictionary?

前頭部　頭部　核　尾部

しかし、SSE では、しばしば核強勢を受ける語がない。例えば、

(i) I was actually quite stress at first...whether I ought to start thinking about my <u>honours</u> and stuff like that.

StdE ならば、以下のように honours の第 1 音節に核強勢を置きピッチと長さを目立たせ、それ以降はピッチは下降するだろうが、

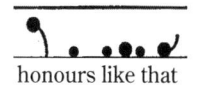

honours like that

この話者の場合、think- を目立って言った後はピッチが下降して低い平板調が続く。そのために、発言内容の焦点が不鮮明になる。以下でも StdE では下線部の語は核強勢を受けるはずであるが、SSE では pitch prominence（卓立）のない発音になっている。

(ii) If I've some time free, and I, I hope I do, and I, er, when I have, if I have some money, I'd like to go <u>touring</u>.

(iii) I: Ayers Rock. Have you been there?
    S: No, I haven't. I've seen a lot of photos of it, but <u>haven't</u> been there.
  (iv) I: And then you ate the crabs that you caught?
    S: No, the person cooked for us, but it was cold. In Singapore we <u>don't</u> eat cold crabs at all.
c. 反復語の強勢
   StdE では文脈上で既に言及された語には文強勢を置かないが、SSE では、反復語であっても文強勢を置くことがある。
  (i) I: Do you like eating crab in Singapore?
    S: Yes. Pepper <u>crab</u>. (StdE: <u>Pepper</u> crab.)
  (ii) I: But you like San Francisco and Los Angeles?
    S: I <u>like</u> San Francisco. (StdE: I like San Fran<u>cis</u>co.)
  (iii) Those flights before us and those <u>flights</u> after us, they could not actually land. (StdE:…and those flights <u>af</u>ter us…)
d. 異例な核強勢配置
   SSE では核強勢の位置は StdE とは違う箇所に来ることがある。
  (i) I: So you'll be a teacher for the rest of your life, will you?
    S: I hope <u>to</u>. (StdE: I <u>hope</u> to.)
  (ii) I: What did you do in Sentosa?
    S: I <u>tried</u> playing frisbee. (StdE: I tried playing <u>fris</u>bee.)
  (iii) I: What other third world countries does your church have missions to?
    S: Thailand, Cambodia… And some parts of China they do <u>go</u>. (StdE: And some parts of China they <u>do</u> go.)
e. 複合語
   複合語の強勢を後ろの語に置く。
     ˌdoor ˈkey, ˌcolouring ˈpencil, ˌkitchen ˈknife

3.3.5. 分節的特徴

「シンガポール英語の発音の特徴は"カッパ"に集約される」という冗談を聞いて、「なるほど!」と思ったことがあります。外部者には car park (駐車場) はそのような聴覚印象を与えるでしょう。

a. 母音
  (i) 長母音が短母音になる。
     car [kɑ], sports [spɔts], person [ˈpəsɔn], search [sətʃ]
  (ii) 2重母音が単母音になる
     go [goː], home [hoːm], play [pleː], stay [steː]
  (iii) [æ] が [e] になる
     bad [be(d)], bland [blen(d)], hand [hen(d)], tap [te(p)]

b. 子音
  (i) 語末の破裂音 /t/, /d/, /k/ が発音されずに飲み込まれたような発音になる。このことを専門的には「解放されない」(not released) と言い、[p̚], [t̚], [k̚] という記号で表記される。
     lip [lɪp̚], red [red̚], talk [tɔk̚], park [pɑk̚]
     または、これらの音は声門閉鎖音 [ʔ] になる傾向がある。そのため、rip, rib, rid, rich, ridge はすべて [rɪʔ] となる。
     short [ʃɔʔ], quite [kwaɪʔ], kick [kɪʔ], park [pɑʔ], step [steʔ]
  (ii) 連続する子音が1つの子音に簡素化される
     子音結合 (clusters) /nt. nd, ld, sk, sθ/ では2番目の子音が脱落する。
     Egypt [ˈiːdʒɪʔ], except [eˈseʔ], hundred [ˈhʌnreʔ]
  (iii) [θ] と [ð] がそれぞれ [t] と [d] とに置き換えられる。
     thought, think, thrill, then, that, those
  (iv) 母音の後の [l] は母音化して [ʊ] となるか、脱落する。
     bill [bɪʊ], milk [mɪʊk], people [pipʊ], tall [tɔː], small [smɔː]
  (v) 気息音がない。
     StdE では、気息音が強勢音節の冒頭にある /p/, /t/, /k/ で発せられる。気息音は、a strong puff of air (息の強い排出) のことで、記号 [ʰ] で表記される。

pie /pʰaɪ/, tea /tʰiː/, potato /pəˈtʰeɪtoʊ/, quay /kʰiː/, kick /kʰɪk/
しかし、SSEではこれらの語には気息音がない。なお、ネーテイブ・スピーカーは、pie, tieに気息音がないと、それぞれbuyとdie/dyeと聞き取るだろう。

3.3.6. 発音以外の特徴として、

a. 本来の過去時制が現在時制に置き換えられる。
　(i) When I <u>am</u> in secondary school and junior college, I used to spend more time in computer games.
　(ii) I: What did you do last summer?
　　　S: Erm…We <u>watch</u> and she <u>cook</u> lots of dishes for us to eat.
b. 第1人称代名詞が省略される。
　(i) I: So you can cycle now, can you?
　　　S: Yeah, ∧ can cycle, not very well, but ∧ can cycle, ah.
　(ii) I: OK, what did you do during the vacation?
　　　S: I went over to KL for three or four days, ∧ couldn't remember…
c. likeやkind of likeのようなfiller（つなぎ語）が挿入される。
　(i) But I don't think I can go any more, you know….because it's like…I don't know, my parents told me it's like, it's not safe to go abroad any more, not even to, <u>like</u>, neighboring countries.
　(ii) It's <u>kind of like</u> hot in Singapore.
　(iii) I: Is your Japanese very good?
　　　S: OK, lah. I mean <u>like</u> I still can talk to many Japanese people.
d. 語末とか文末のahやlah(la)は、日本語の終助詞「よ」「ね」などに相当し、打ち解けた態度を表す。例えば"OK, lah." "Relax lah." "That's about all, ah."と言う。しかし、インタビューでは、これらは稀に聞かれるだけである。大学教員と対話しているので、学生たちは通常よりもフォーマルな話し方をしているからだろう。しかも、女子学生（31名）は、3名を除いて全くそれを使用していない。それよりも、男女ともに使用頻度が圧倒的に高いのはyeahで、自分の発言の後に付加して確認する働きがある。

(i) I went for a short trip to Hong Kong for about seven days, yeah.
(ii) I: So, what would you do when you see your friends?
   S: Mmm…I…usually we do some sports together…yeah. We play badminton and swim together.
(iii) I: What d'you like to do at home, if you're at home?
   S: I like to cook…I like to…fixing up furnitures…yeah… So I bought a lot of furnitures from IKEA.

注：SgE では furnitures, advices, stuffs, informations はよく聞かれる。

3.3.7　アメリカ英語の影響

シンガポールはかつてイギリスの植民地でしたので、現地の英語はイギリス英語が基盤になっています。しかし、今日のシンガポールでは、アメリカ英語の影響が見られ、若い人たちの日常会話にはアメリカ英語の音声的特徴が聞かれることがあります。

"In Singapore, the younger generation spends a great deal of time watching/listening to media of (American) English origin, and their speech sounds increasingly American."[8]

アメリカ英語発音の影響は、特に二つの点で顕著です。1つに、母音の後の /r/ を発音する。例えば car park [kɑr pɑrk]。他は、母音の間の /t/ を a short quick /d/ に置き換える。専門的には、この子音は弾音とか弾き音 (tap) と呼ばれ /ɾ/ と表記されます。（これは、日本語の「ラ」行子音でも使われます。）例えば、water [ˈwɔːɾɚ], letter [ˈleɾɚ] などのように強勢のない音節中の "t" で起ります。これについてはシンガポールでは「俗っぽい」と批判する声もあります。

3.3.8.　インド英語

インドでは、英語が連邦準公用語となっていますのでインド人は誰もが英語を話すことができるという印象をもちます。しかし、英語を話すことのできるインド人は、全人口 12 億の約 11％であると言われています。最

も多く話されている連邦公用語のヒンディー語（主として中部と北部）でさえも、話者人口は全人口の30%程度に過ぎません。「インド英語」という表現は、厳密に言うと、妥当ではありません。インド英語と言っても、現地語の影響を受けてバライエテイーが豊富ですので、ひとくくりにして論じることはできません。しかし、そうであっても互いに共通する音声的特徴もあり、それはGeneral Indian Englishと呼ばれます。インド英語というと、「キツイ訛りで早口でまくし立てる」と考えられていますが、educated typeのインド英語は必ずしもそうとは言えません。少なくとも、私が会った学校や大学の教員の英語は、独特のイントネーションがあるものの非常に明解でした。インド英語を聞くには、映画 *Gandhi* (1982、印・英合作) をはじめ *The Passage to India* (1984、英小説家 E. M. Foster 原作)、*Queenie* (1987), *Cotton Mary* (1999)、*The Monsoon Season* (2001)、*Bend It Like Beckham* (2002)(『ベッカムに恋して』) が入手可能です。特に、*Queenie* と *Cotton Mary* は、混血 Anglo-Indian の女性が主役ですのでイギリス英語とインド英語とを対比しながら聞けます。『ベッカムに恋して』は、ロンドンに在住するインド人の女性サッカー選手が活躍する話ですが、インド人コミュニテイの人々の英語が聞けます。なお。インターネットの動画で Indian accent を検索します、いろいろな人たちが物真似をやっています。

　私とインドの人たちとの個人的な親しい関係は、まだ約10年しかなりません。きっかけとなったのは、学生文化交流の引率教員としてキリスト教系の女子大学 Lady Doak College（タミル・ナードウ州、南インド）を2週間訪問（2回）したことです。訪問中はキャンパスのゲストハウスに滞在し、教員や学生寮で暮らす学生や、地域の学校、家庭、福祉施設、ガンジー記念館、音楽大学などでいろいろな人たちと交流をしました。インド研修と相まって、私の大学が現地大学との協定により教員3名を隔年1ケ月間特別講師として1人づつ招聘したことも有意義でした。私達が訪問した町 Madurai の人々の言葉はタミル語で、ヒンデイ語使用は話されていません。彼らは土着ドラビダ系 Dravidians であり、ヒンデイ語を北部のインドアーリア系 (Indo-Aryan) の言葉として冷ややかに見ています。一般の街の人たちには英語は全く通用しません。実は、Lady Doak

3.3. New Englishes——シンガポール英語とインド英語の場合

College の学生の中には英語が不得意な人もいました。彼女達は英語の補習授業を受けていました。

3.3.9. General Indian English 対 Standard English

以下で紹介する内容は、General Indian English の特徴です。
1. 映画『ベッカムに恋して』では、テレビ局でサッカーの実況放送をしていたアナウンサーと解説者 2 名が、試合終了後にインド人女性選手の母親を放送ブースに招き入れます。彼女は凄い剣幕で抗議します。
    [Mrs. Bhamra, you must be very proud of your daughter.]
    (outraged) Not at all! She shouldn't be running around with all these men showing her bare legs to seventy thousand people! She's bringing shame on the family. (scolding) And you three shouldn't encourage her! (to her daughter) Jesminder! You get back home now!

彼女の英語は、早口で抑揚の起伏が比較的乏しく、連発銃のような印象を受けます。DVD を止めながら、彼女の英語をよく聴き直してみると、以下の特徴があります。
(i) 標準イギリス英語では気息音を伴って at all [əˈtʰɔːl] となるが、彼女の英語には気息音がない。また、people, encourage の /p/ と /k/ についても同じ。(ii) all と people の末尾の /l/ が clear /l/（後述）になっている、(iii) show, home と shame の母音はそれぞれ [oː] と [eː] である、(iv) running, around, bringing, encourage her などで、スペリングと発音の間には一対一の対応があり、全ての音節が明瞭に発音されている。her も [həː] と発音されている。
2. 映画 Cotton Mary は、1950 年代のインドが舞台となっていて、ストーリは Anglo-Indian の家政婦 Mary が姪 Rosie に内心を打ち明ける場面で始まります。
    Mary: I had this kind of dream, child.
    Rosie: What was it, Auntie?
    Mary: A baby, child.
    Rosie: What baby?

Mary: It was small.
Rosie: What color was it?
Mary: White.
Rosie: Go on. You're only dreaming.
Mary: I talked to Matron. She said she was looking for you.
Rosie: Every day she's looking for me. I'm standing right there, she's looking for me.
Mary: You weren't there, Rosie. I saw. You weren't there.

(i) baby, matron, Rosie, every は、StdE では最初の音節に強勢があり、ピッチが上昇するが、Mary の発音では後続の音節で上昇するので、baby は [ベー(→)ビー(↻)]、Rosie は [ロー(→)ジー(↻)] と聞こえる。

(ii) small では clear /l/ になる、(iii) she was looking for you では、核強勢が代名詞に来ている、(iv) there の 'th' が /d/ のように聞こえる。

3.3.10. 超分節的特徴

a. 語強勢

(i) シンガポール英語と同じく、インド英語は全ての母音が明瞭に発音される傾向があるが、語強勢も起ることもある。ただし、StdE では強勢音節は無強勢音節より高いピッチで発音されるが、インド英語では反対になり強勢音節は低いピッチで発音され、後続の無強勢音節でピッチが上昇する。例えば、India は In- が低いピッチで、-di で上昇する。

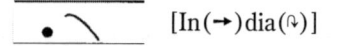

　　　　　　　　[In(→)dia(↻)]

末尾の -a も明瞭母音 [a] である。インド英語の mission の発音は、外部の人には瞬間的には machine と誤解されるかも知れない。以下でも同じピッチ・パタンになる。

　　Hindi, English, Shakespeare, family

(ii) シンガポール英語と同様に、語尾にある "y" または "i" は引き伸ばされて発音される。*Sorree!*, *khakee* shirt, That's *reallee funnee*.

3.3. New Englishes——シンガポール英語とインド英語の場合

(iii) 時々、StdE とは違った音節に強勢が置かれることがある。
　　edu'cate, celeb'rate, hesi'tate, e'nergy, in'dustry, lite'rature
b. 核強勢
　シンガポール英語と同じく、核強勢の位置は StdE とは違う箇所に来ることがある。例えば、前置詞や代名詞に核強勢が置かれる。
(i) I know what you mean. (StdE: I know what you mean.)
(ii) Get me a cup of tea, please. (StdE: Get me a cup of tea, please.)
(iii) I don't think so. (StdE: I don't think so.)
(iv) Come and dine with us. (StdE: Come and dine with us.)
(v) I didn't ask you to. (StdE: I didn't ask you to.)
(vi) A: You weren't listening.
　　 B: I was listening. (StdE: I was listening.)
(vii) My family's waiting for me. (StdE: My family's waiting for me.)

3.3.11. 分節的特徴

a. 母音
　(i) 長母音が短母音になる。従って、short/shot, shirt/shut, bird/bud の各ペアーの違いは /r/ の有無による。
　(ii) 標準英語の [eɪ] と [oʊ] が [e:] と [o:] になる。
　　　go [go:], phone [fo:n], case [ke:s], main [me:n]
　(iii) 強勢がなくてもスペリングにある母音が弱化しないで保持される。
　　　arrive [ɛˈraɪv], introduce [ɪntroˈdjuːs], Oxford [ˈɒksfoːd],
　　　ago [ɛˈgo], above [ɛˈbʌv], cottage [ˈkɒtɛdʒ]
　　　また、to と from は弱形 [tə] と [frəm] はなく [tʊ] と [frɒm] だけである。
b. 子音
　(i) スペリングに r がある全ての位置で発音される。イギリス英語では、car, hard などの /r/ は発音しないが、インド英語ではそれを発音する。ただし、その際は舌先をそり返して (curl back) /r/ を発音する。そのため park は「パルク」と聞こえる。

147

(ii) /t/ と /d/ は舌先をそり返すように発音される (retroflex /ʈ, ɖ/)。この2つの子音は、StdE では舌先が歯茎の裏に接触するが、インド英語では、舌先がそり返り硬口蓋に接触する。これこそがインド英語の代表的発音である。
"Retroflexion of /t/ and /d/…remains a sure way for an impressionist to suggest an Indian accent."[9]

(iii) スペリングに "l" がある全ての位置で、舌先が歯茎の裏にしっかりと当たり clear /l/ になる。一方、StdE では milk, silk, bill, people など語中、または、語尾の /l/ は dark /l/ となり、後舌部が軟口蓋へ向かって上がるので母音 /ʊ/ に近い音色になる。

(iv) 'th' は、気息音を伴う破裂音になり、舌先は歯茎ではなく上歯の裏に接する。つまり StdE の /θ/, /ð/ 音は /t̪ʰ/, /d̪ʰ/ に置き換えられる。
three /t̪ʰriː/, think /t̪ʰɪnk/, that /d̪ʰæt/, those /d̪ʰoːz/

(v) /w/ と /v/ の区別をせずに共に [ʋ] なる。これは vine や view の語頭で使われる子音である。
wine / vine, west / vest, went / vent, wet / vet

(vi) [南インドでは] 語頭の前母音の前に /j/ が挿入され、また、語頭の後母音に /w/ が挿入される。
egg [jɛg], earn [jəːn], eight [jeːt], every [ˈjɛvrɪ], about [jɛˈbaut] own [woːn], old [woːld], oak tree [woːk] tree,

(vii) /p/, /t/, /k/ で始まる強勢音節に気息音がない。
pay /peː/, ten [tɛn], key [kiː]
一方、StdE では pay /pʰeɪ/, ten /tʰen/, key /kʰiː/ となる。

(viii) 複数形接尾語 /z/ が /s/ になる。
dogs [dɔgs], bags [bægs]

3.3.12. 理解度 (intelligibility)

全ての言葉には特定の状況を反映した言語形態があり、それは使用域 (register) と呼ばれます。インド英語についても同じです。

3.3. New Englishes——シンガポール英語とインド英語の場合

"When I was in Mumbai (Mombay) a large hotel's concierge spoke very good international English. But when she turned to my taxi cab driver to give him directions, she changed and spoke in the rhythm and cadence of Indian English. I'm not that different. My students like my international English, but my Ohio accent is reserved for my fellow Americans; full of nasals, glides and back vowels."[10]

これまで述べてきましたインド英語の発音は、パキスタン、スリ・ランカ、ネパールなどの英語にも共通するところがあります。

では、様々な民族語を話すインド人の間では、お互いが話すインド英語の理解度はどれくらいでしょうか。Bansal(1969) は以下の調査を行っています。

"Twenty-four English speakers from various regions of India were tested for the intelligibility of their speech. Recordings of speech in a variety of contexts were evaluated by listeners from the United Kingdom, the United States, Nigeria, and Germany. On the basis of the resulting intelligibility scores, factors which tend to hinder intelligibility (i.e., phonetic peculiarities of Indian English) are analyzed, and suggestions for the improvement of Indian English are offered."[11]

この調査結果では、インド人間の相互理解度 (mutual intelligibility) は 74% でした。また、イギリス人のインド英語理解度は 70-3% でした。一方、ナイジェリア人とドイツ人の場合、53% と 57% でした。

Bansal によると、イギリスにとってインド英語を理解する妨げになる要因は、以下のとおりです。

(i) Accent on the wrong syllable of a word
(ii) Important words left unaccented in connected speech; close juncture between words　語間の境目（連節）が狭い、例：ice^cream
(iii) Replacement of RP /θ/, /ð/ by /t̪ʰ/, /d̪ʰ/
(iv) Replacement of RP /v/, /w/ by /ʊ/
(v) Replacement of RP /eɪ/ by a short [ë]
(vi) Elision of syllables　音節の脱落
(vii) Lack of aspiration in /p, t, k/ at the beginning of accented syllables

(viii) Replacement of /z/ by /s/ in inflectional suffixes
語尾変化の接尾辞の発音 /z/ が /s/ に置き換えられる[12]

3.3.13. まとめ

　言語は、民族のアイデンテイテイのなかで最も身近で普遍的な象徴です。誰でも自分の母語を使い、その背景にある文化を継承したいと思うものです。しかし、国際化社会で生き抜いていくには自ら選んで母語を断念せざるを得ないというジレンマがあります。今日の日本は、政治・経済、研究や教育などはすべて日本語で可能であり、海外の情報は翻訳を通してリアルタイムで入手できますが、アジア国々は多言語社会であり、母語は日常的な意思疎通には間に合っても、行政、経済、教育、学問などでは必要な語彙や表現が存在しないために、英語に頼らざるを得ません。象徴的な言葉として "digital divide" と "English divide" がありますが、「情報格差」と「英語格差」のことです。IT と英語を自由に使いこなせる人が、多くの機会に恵まれ富を蓄積していくのに対し、それらを使いこなせない人は時流に乗り遅れていくという格差です。シンガポールやインドの人たちが使う英語 New Englishes は、英米語の規範からから独立し、独自の民族文化と言語を反映した意思疎通の手段です。

引用文献

[1] Brillinger, K. (2011) SUPRAS posting, June 30
SUPRAS: a closed international e-mail list of phoneticians and English teachers with a special focus on suprasegmentals; Housekeeper: Judy Gilbert, author of *Clear Speech*

[2] Schmitt, W. (2004) SUPRAS posting, December 19

[3] Poedjosoedarmo, G. (2010) SUPRAS posting, February 26

[4] Ling, E. & Brown, A. (2005) *English in Singapore*. Singapore: McGraw Hill Education, Preface)

[5] Perera, A. (1996) *The Simple Guide to Customs & Etiquette in Singapore*. Kent: Global Books, pp.58–59)

[6] Ling, E. & Brown, A. (2005) *English in Singapore*

[7] Ibid. pp. 11–12

[8] Poedjosoedarmo, G. (2010) SUPRAS posting, February 26

[9] Wells, J. (1982) *Accents of English* 3. London: Cambridge University Press, p.628)

[10] Schmidt, W. (2004) SUPRAS posting, December 19

[11] Bansal, R. K. (1969) *The Intelligibility of Indian English*. Hyderabad: Central Institute of English, p.11

[12] Bansal, (1991) "The pronunciation of English in India" In S.Ramsaran (eds) *Studies in The Pronunciation of English*. London: Routledge, pp.229–230

参考文献

Graddol,D. (1997) *The Future of English?* London: The British Council
Crystal, D. (1997) *English as a Global Language*. Cambridge: Cambridge University Press
Deterding, D., et al. (2005) *English in Singapore: Phonetic Research on a Corpus*. Edited. by D. Deterding, A. Brown, L. Ling. Singapore: McGraw Hill Education
Trudgill, P & Hannah, J. (2002) *International English*. London: Arnold

(伊達民和)

4. 音声学・音韻論とその他の分野

4.1. 脚韻を中心とした古音推定法

4.1.1. はじめに

　現代の英語学習者は世界中で使われている英語の言語変異形（アメリカ英語・イギリス英語・黒人英語・インド英語等）を観察する機会にめぐまれている。こういった共時的変異形を研究する分野を比較言語学という。また、通時的に、時間に沿って変化する英語を研究する分野もある。これを歴史言語学という。どちらの方法も、それぞれの変異形に、一定の構造（枠組み）を設け、「何が」、「どのように」、「なぜ変わったのか」を説明するものである。具体的に発音が「どのように変わったのか」を推定する方法（古音の推定方法）はいくつがある。本項では、まず、英語の歴史区分とそれぞれの時代の簡単な音体系と変化の説明をした後、古音の推定法、特に、脚韻による推定法を中心に 14 世紀初期の実際の英語の脚韻の分析例を挙げて説明する。こういった観察から古い時代の英語は、現代において観察されるさまざまな英語と等しく、驚くべき多様性に富むものであることが分かるのであるが、そのデータの処理方法や説明方法を最後に概論する。

4.1.2. 英語の歴史的区分

4.1.2.1. 古英語 Old English, OE: 500–1150 年の英語

　西暦 500 年ごろ以降に、大陸時代からブリテン島の今のイングランドに渡ってきた人々の英語であり、西ゲルマン語族である大陸時代の言葉をいくらかの変化を受けつつ受け継いでいる。北からノーザンブリア・マーシア・ケント・ウエストサクソンの 4 つの「方言」に区分される。当時の英語話者は、同じ言葉を話しているという同族意識はあったものの、初期は七つの王国に分かれていた。それが、900 年以降は実質的にはイングランド南東部のウェセックス王国しか存在しなくなる。政治的に統一されたイ

ングランドという意識は 927 年に王の肩書としてあらわれた。ウェセックス王であるアルフレッド大王（在位 871-901）は英語を保護したため、古英語の文献は圧倒的に王国の方言、ウエストサクソン方言で書かれたものが多い。王国の「首都」はイングランド南部のウインチェスターであった。古英語の言語状況を考える際にはウエストサクソン方言を中心に置きながらもそれが今の首都ロンドンとは異なる都市を中心とした一方言であることを忘れてはいけない。

4.1.2.2. 中英語 Middle English, ME: 1150-1500 ごろの英語

中英語はさらに初期中英語 (1150-1300) と後期中英語 (1300-1500) を区別する。1066 年のウイリアム征服王によるイングランドの征服がきっかけになり、英語はその性質をがらりと変えた。実際の変化の証拠が現れるのは征服から 100 年ほどたった 1150 年ごろからである。中英語は次のような理由で古英語とはかなり様相を異にする。

(1) 言語資料の問題

ノルマン人のウイリアム征服王（在位 1066-1035）によって統一された 1066 年以降、イングランド王国の国の言葉は彼らの話すフランス語（ノルマンフレンチ）になった。（イングランドで使われたフランス語はアングロフレンチという。）このため、法律や政治にかかわる文献だけでなく、文学作品もフランス語で記されることとなった。その時代にあって、アルフレッド大王の時代から書き継がれた歴史書『アングロサクソン年代記』のうち、イングランド東部ケンブリッジシャー、ピーターバラで書き継がれていた『ピーターバラ年代記』は、英語で書かれた数少ない文書である。この資料は、中英語の始まりを 1150 年とする根拠ともなっている。『ピーターバラ年代記』は、古英語期の書き言葉の伝統を引き継ぎ 1066 年以降も書き継がれたが、1131 年に中断されてしまった。これが、古英語の最も後期の英語資料となる。その後、1154 年以降に一人の筆者により 1132 年から 1154 年までの分が書かれ終了した。この 23 年のブランクにより、古英語の書き言葉の伝統は途絶えてしまい、1132 年以降の文は古英語とは異なる文体で書かれることとなった。これが最も初期の中英語の

言語資料となるのである。この、英語資料のブランクが古英語と中英語の違いを際立たせている。

(2) 古ノルド語 (Old Norse, ON) との接触

750年ごろから北ゲルマン語族の古ノルド語の話者であるバイキングのデーン人が中西部を中心に定住し始め、古英語と言語接触をした。彼らは北部〜中西部に居住し、ついに、1016年イングランドはデーン人の王クヌート（在位1016-35）により征服される。この時期に、they, she, get, take, sky などの基本的な語彙の借用や、屈折語尾の単純化といった一種のクレオールが英語と古ノルド語の間で成立した。古英語時代にすでに起こっていたクレオール化の影響は中英語になって文献に登場するようになる。中英語以降の英語は古ノルド語との接触による一種のクレオールなのであり、古英語とは異なる構造を持つのである。

(3) フランス語との接触

1066年以降100年ほどは土着の英語使用者とフランス語を使用する征服者ノルマン人との接触の影響はあまりなかったが、フランス語の社会的威信の高さもあり、中英語後期にはフランス語から影響をつよく受けることとなった。第一には、現代の英語にも残る、大量の借入語である。さらに、英詩のリズムにも影響を与え、ゲルマンの伝統的な頭韻詩に変わり、ロマンス系の脚韻詞のリズムが入ってきた。綴り字もフランス式綴り字がフランス人により導入された。その他、フランス語の言い回しを英語になおし使用する翻訳借入（at the cost of〜「〜を代償に」; without delay「遅滞なく」）など、フランス語の影響は英語の外見を変え、「和装をフランス風の衣服に着替えた」に等しいちがいがある。

(4) ロンドンの台頭と標準語の成立

古英語時代のウインチェスターに変わり、中英語期の政治・経済の中心はロンドンとなる。14世紀以降ロンドンは政治と交易の中心地として、国内、特に東中部方言からの多数の移民を受け入れ、フランスやフランドル地方とも活発に交流していた国際都市であった。中英語初期の英語は、

各地方の英語が標準語と対立することなく「方言」として存在した。しかし、遅くとも 1425 年ぐらいまでには法律関係の言葉としてロンドンのウエストミンスターで「書き言葉標準語」が成立する。さらに 1487 年カックストンが、やはりウエストミンスターに印刷所を設立するなど英語の標準語化・固定化が芽生え、「標準語」が「方言」と対立され確立することとなる。

4.1.2.3. 近代英語 Modern English, ModE: 1500–

首都ロンドンの地位が確立し、大英帝国としてイギリスが世界に発展した時代である。発音や綴り字などの指導をする正音学者の登場、ラテン語に変わる英語の辞書や文法書の出版、学校教育の普及、などにより「標準英語＝英語」の意識が確立する時代である。一方、世界に拡散した英語は大英帝国内の方言以外にさまざまな変種を生み出すこととなった。

以上から、英語の三つの時代の変化は単純なひとつの軸上の変化ではないと分かるのであるが、次に、古英語, 中英語の音体系と古英語、中英語、近代英語の代表的な音変化を概論する。

4.1.3. 母音体系と音変化

4.1.3.1. 古英語

古英語は、単母音・二重母音とも長・短の区別がある、円唇母音の /y(ː)/ がある、子音にも長（二重）子音がある、いくつかの子音は有声音と無声音を同じ音素の異音として扱う等の特徴がある。以下は古英語の母音体系を音素記号で表記したものである。

短母音：/i/, /y/, /e/, /æ/, /ɑ/, /o/, /u/
長母音：/iː/, /yː/, /eː/, /æː/, /ɑː/, /oː/, /uː/
短二重母音：/io/, /ie/, /eo/, /æa/
長二重母音：/iːo/, /iːe/, /eːo/, /æːa/

二重母音はゲルマン語の /au, eu/ > /æːa, eːo/ の音変化、後続の軟口蓋子音の影響をうけた「割れ（＝二重母音化）」、先行する口蓋音による二重母音化などにより成立した。このうち /ie/, /iːe/ はウエストサクソン方言に

特有の二重母音である。これは①口蓋子音 /ʃ/, /j/ の後の /e(ː)/>/i(ː)e/; ② I-ウムラウトによる /e(ː)a/>/i(ː)e/ の二つの語源がある。以上を綴り字で表すとそれぞれ、<i>, <y>, <e>, <æ>, <a>, <o>, <u>, <io>, <ie>, <eo>, <ea> (<ea> は /æ(ː)a/ を表わす綴り字) となる。< > は音声ではなく綴り字であることを示す。長母音は <ī>, <īe> など長音記号（マクロン macron、<¯>）であらわす。これは実際の文献には付いていない。また古英語では、音素表記と綴り字の区別はほぼ 1:1 であるため、音声表記と綴り字表記を区別しない場合も多い。(A>B, B<A はいずれも A から B に変化したことを示す。綴り字 (<xxx>) の記号とは異なることに注意。)

I-ウムラウトは複数形を示す接尾辞 /i, j/ が後接し、その影響による一種の母音調和である。これにより古英語の <æ> は本来の /æː/(æ1) と I-ウムラウトによる /æː/ (æ2) を示す。

4.1.3.2. 中英語と開音節長化 Open Syllable Lengthening, OSL

古英語では長短母音は 1:1 で対応していたが中英語ではそれが崩れる。また、OE の二重母音はすべて消え、新しい二重母音が形成される。そして二重母音に長短の区別はなくなる。

　短母音：/i/, /y/, /e/, /œ/, /a/, /ɔ/, /u/, /ə/

　長母音：/iː/, /yː/, /eː/, /ɛː/, /œː/, /aː/, /ɔː/, /oː/, /uː/,

　二重母音：/iu/, /ei/, /eu/, /ɛi/, /ɛu/, /ai/, /au/, /ɔi/, /ɔu/, /ou/, /ui/

上記は長中舌母音に二段階の舌の高さを設けているが (/eː/, /ɛː/, /oː/, /ɔː/)、方言によってはこの差がなく、高中低三段階の音体系の方言もある。現代英語にはない円唇前母音については、/y/, /yː/ は古英語 /y/, /yː/ から /œ/, /œː/ は古英語 /eo/, /eːo/ からの発達である。いずれも中英語期に円唇性を失った。弱母音 /ə/ は屈折語尾の消失過程であらわれる。二重母音は後続子音の母音化 (/w, f/>/u/, /j, χ/>/i/) によるものと、フランス語やオランダ語の影響によるもの (/ɔi/, /ui/) がある。

この時代の大きな音変化は開音節長化で、開音節にある短母音が長化および下げを受けた変化である。弱母音 /ə/ の消失・下げを伴わない長化・下げを伴う長化など様々な要素がかかわっているが、結果として長化および下げを受け語末弱母音 /ə/ も消失した。変化は北部方言からはじまり南下をし、非高舌母音から、高舌母音へと広がっていった。

4.1.3.3. 近代英語の音変化：大母音推移 Great Vowel Shift, GVS

近代英語初期には大母音推移と呼ばれる大きな音変化が起こった。これにより、アクセントのある長母音が舌の位置を一つ上げ、長高母音は二重母音化された。結果として 1400 年ごろから 1700 年ぐらいまでの間に次のような音変化をもたらした。

/iː/>/ai/　　　　/uː/>/au/
/eː/>/iː/　　　　/oː/>/uː/
/ɛː/>/eː/>/iː/　/ɔː/>/ou/
/aː/>/ei/

この変化は、アクセントのある英語の長母音に一斉に起こった変化であるが、変化は非常に長期にわたっており、また、個々の変化を見てみると、それぞれの音の変化の始まりの時期や、変化の過程にちがいがある。また、さまざまな方言が自由に混在していた中英語から、ロンドンにおいて標準語の意識がめばえて確立してきた時期の音変化の結果として標準語に起こった変化である。現代英語の方言を見てみるとこういった長母音が中英語から変化を受けないものも含め様々な音を示していることが観察される。

4.1.4. 古音推定・データ収集の実際

本項は、実際の資料収集と分析の手順と結果の示し方でを述べる。自ら資料を集めなくても、さまざまな本にはすでに沢山のデータとその解釈がある。また、苦労して集めたデータのほとんどは、単に、既出の著書に書いてあることをなぞるものでしかないかもしれない。また、書き手（写字生 scribe）または作者の不注意による単純な間違いもあるであろう。思った以上に時間のかかる作業であり、望むデータはめったに探すことはできないかもしれない。しかし、どのようなものにせよ、自分で拾う資料はまぎれもなく現実のデータである。

本項では 14 世紀初期のシティのロンドン英語を代表するものとされる、作者不詳のアレクサンダー大王の伝記、*Kyng Alisaunder* (KA) からの実例を中心に説明をする。

4.1.4.1. 文献の検索について

　英語史の文献はインキュナブラ(初期活字本)または手書き写本である。代表的なものは選集になっている。またEarly English Text Society (EETS)によりthe Original Series (o.s.)等として校訂刊行がなされているものが多数ある。手書き写本を「読む」ことはなかなか困難であるが、それは校訂者にまかせ、初心者でもスペリングが分かる校訂本による活字からとりかかればよい。いろいろな教科書をみて興味を持った資料があれば、インターネットで資料のタイトルなどにより検索をかければ何がしか出てくるはずである。その中から探せばよい。探した資料を、日本の図書館の総合目録データベース (Webcat, http://webcat.nii.ac.jp/) 等で検索すれば、国内の所在を知ることができる。また、古英語の頭韻詩『ベオウルフ』や中英語期の詩人チョーサーといった主たる作品以外は、文学史の教科書を読んでも詳しい説明がない場合があるが、校訂本には入っている。なじみのない作品も、おそれず手にとってみるとよい。

　それぞれの校訂本には写本の背景事情に加え、写本の所在に関する情報もはいっている。インターネットで、写本を所有する図書館等のデータベースを調べれば、写本についてのある程度の説明・研究を開示している。写本のデジタル化は進んでいるので、写本を所蔵している図書館等に問い合わせればデジタル資料に関して答えてくれ、メール等の連絡により入手可能である。言語研究の場合は、モノクロの比較的安価なデジタル資料で十分研究にことたりる。写本には、後世の人による改訂や落書き(イラスト)などもある。そういったものは校訂者が注として付けてあるだけであり、説明だけでは分かりにくい場合も多い。それを確認するためにもデジタル資料は目を通しておきたい。イギリス等へ足をはこび、本物の写本を見てみることは、非常に刺激にはなるが、先ず、校訂本をよみ、慣れてくればデジタル資料を手に入れ見てみるとよい。

　なお、本稿は脚韻による資料分析を中心に説明している。脚韻を使う場合、資料は文学作品にかたよってしまう。しかし、文献は文学作品だけでなく、法律、歴史、宗教、勅許状(王の出す文書)、薬学、音楽、手紙、遺書、出納簿等さまざまな分野の文書がある。

4.1.4.2. 辞書とその記載項目について

校訂本の索引が完全でない場合は、自分で辞書を引いて単語の確認をしていかなければならない。見慣れない綴り字の中、最初は時間がかかるかもしれないが、慣れてくれば中英語以降の英語は、現代英語を読む語学力があれば十分読める。

(1) *Oxford English Dictionary* オックスフォード英語辞典 (OED)

OED は、各単語の語源、初出から、現代までの、綴り字と意味の変遷を豊富な具体例をあげて説明している辞書である。オンライン版と CD-ROM 版がある。見出し語のみならず、全テキスト、語源別、作品別などで検索をかけることができるため、便利である。

(2) *Middle English Dictionary* (MED)

Web 版が公開されている、http://quod.lib.umich.edu/m/med/。OED が拾っていない単語、語源が登録されている場合がある。

(3) *A Concise Anglo-Saxon Dictionary*

特に古英語の強変化動詞（現代英語の不規則動詞にあたるもの）の類 (Class) を知るのに便利。

(4) 辞書の記載項目について

(a) 語源

古音の推定は、変化の開始点と終着点を既知としてとりあつかうものであるので、語源の特定は大切である。OED には各単語の詳しい語源が出ている。（語源不明の場合もある。）その他 Onions の the *Oxford Dictionary of English Etymology* や MED なども参考にするとよい。Onions の語源の説明は OED よりくわしい場合がある。

英語には古英語語源と古ノルド語語源その他の多数の同根語（語源は同じであるが、入ってくるルートが異なったために異なる語として取り扱われている語。日本語ではカップとコップ、ガラスとグラスなど）がある。当該の単語はどういう語源なのか、間違わずに特定することが大切である。

例えば、現代英語 SLAY v の不定詞は、OE /slæːan/ <slēan> が語源である。しかし KA に出現する二例の SLAY v はいずれも FOE および WOE と脚韻している。これらは、OE /ɑː/ を語源とし、ME で /ɔː/ となる語である。

古英語語源の SLAY の /æːa/ は ME で /eː/ または /ɛː/ に変化するため、どちらに変化していたとしても、SLAY: FOE/WOE は前母音と後母音 (/eː/, /ɛː/: /ɔː/) の脚韻となり、この語源では説明できない。ところが、SLAY v の語源の説明を詳しく読むと同根語として古ノルド語 <slɑ> /slɑː/ が出ている。こちらを語源とすると、古ノルド語の母音 /ɑː/ は古英語の母音 /ɑː/ と同様、中英語で /ɔː/ に変化するため、KA に出現する SLAY: FOE, SLAY: WOE の脚韻は後母音 /ɔː/ で脚韻していたという説明が付く。このような例は、たとえ現代英語の発音が古英語から発達したものであっても、14 世紀初期のロンドンには古ノルド語語源の発音が存在していたという証拠となる。

(b) 綴り字からの単語の特定

中英語の綴り字に関しては一つの文書内でも古英語からの伝統的な綴り字とフランス式綴り字、さらにそれらの複数の異綴りが出現し、この時期の単語の特定は綴り字からは困難な場合も多い。OED の各単語には Forms の項目で時代別に綴り字の変遷をしめしてくれてある。例えば RUN v. inf. の綴り字は次のようになっている。

α. irnan, iernan, 1–2 yrnan, 2 yrnen, 3 irne(n), 9 dial. hirn.
β. 1 iornan, [eornan], 3 eornen(n), 3–4 eorne (3 heorne). ...

ある単語が RUN であると分かっていればよいが、これらの綴り字をみてこれが RUN であると確認することは最初は困難である。そういう場合は、OED 等で綴り字をそのまま入力して text search で検索をかける。異綴りは屈折語尾を除き、ほぼ OED または MED 検索でヒットする。可能性として複数の単語が出てきた場合は、作品の作成時期（OED の綴り字の項にある 1–2 は 11–12 世紀の綴り字であることを示す）や文脈等から自分で根気よく特定していかなければならない。

4.1.4.3. 古音の推定のための資料

(1) 綴り字

古い時代の単語を特定する時の、唯一の直接的な手掛かりは綴り字である。しかし、現代英語の例をだすまでもなく、綴り字の体系と発音の体系は一致していない。日本語の仮名と同じように、音標文字であるアルファベットをつかった英語の綴り字は音声を反映してはいるが、決して綴り字

4.1. 脚韻を中心とした古音推定法

と発音を同じものとして混同してはいけない。それをふまえて、綴り字が直接音変化の手掛かりとなる場合を説明する。

(a) 臨時綴り字 occasional spelling

書き間違いも含め、綴り字に変化がある場合は、それは音や音変化を反映している場合がある。現代英語で LOVE を <luv> と綴ることがあるのは実際の母音の発音 /ʌ/ を反映している。さらに、もと臨時綴り字であったものが、固定してきた場合、初期の臨時綴り字は音変化の始まりを反映していると考えられる。

(b) 逆綴り字 reversed spelling

語源的にはなかった音を表す綴り字が、新たにある単語に着くようになった場合逆綴り字という。逆綴り字が現れた時には、当該の綴り字は直接分節音を表さない黙字 (mute) になっていることを示す。

LAMB は古英語 *lamb* が語源で現代英語では <b> は黙字になっているが、語源から存在する /b/ である、この /b/ は ME 期中にしだいに発音されなくなり、臨時綴り字 <lamm> 等が現れている。すると、古ノルド語 lim-r を語源とし、古英語では <lim> 等で綴られていた LIMB に 16 世紀に黙字の <b> が付くようになった。これは、この時点で /m/ の後の /b/ はすでに発音されていないという証拠になる。なお、DOUBT v は OF *duter* を語源とし、本来 <b> はなかったのであるが、OF の源であるラテン語では *dubitāre* で <b> があるために 15 世紀より今の綴り字に変更された。こういう綴り字は語源的綴り字 (etymological spelling) という。(OF: Old French)

現代英語で LOSE, SITE などの語末に付いている <e> はその前にある主母音が長母音または二重母音（長短による区別をしない場合の張り [+tense] 母音）であるという読み分け記号になるものの、それ自体は発音されない黙字である。この語末の <e> は屈折語尾の名残で本来は発音されていたものが、弱化し、発音されなくなり黙字になった。したがって語末の <e> が弱化母音として発音されていた古い文書には語末に <e> が付いてあるものが多い。さらに、[+tense] である語に付けられることもあった（例：BROAD は古英語 brād であるが <broade> と綴られる場合があった）。逆にいえば、語源的でない語末の <e> が逆綴り字として付いている場合、その前の母音が [+tense] であることを示す。なお、PE（Present English, 現代

161

英語）においては、古めかしい感じを出すための語末の <e> が、看板等でみかけることがある（*Ye Olde Towne* 等）。

(c) Orm, *Ormulum*

Orm は 12 世紀の東部出身の修道士で二万行に及ぶ教訓的な宗教詩を書いた。それが 1180 年ごろの著作 *Ormulum*（'Because Orm made it' の意味）である。彼の綴り字は非常に特徴的で、母音の長短を後続の子音を重ねることによって書き示した。例えば、<affterr> (='after'), and <annd> (='and') といった綴り字は二重綴り字 <ff>/<rr>/<nn> の前の母音が短いことを示し <dom> (='doom'), <hus> (='house') といった綴り字は <m>/<s> の前の母音が長いことを示す。Orm の綴り字はこの時期の東部方言の母音の長短を推定する直接的な資料となる。

(2) 綴り字の変異形や筆跡

これらは、各写本の方言や起源を特定する資料となる。後期中英語に付いては 1986 年に McIntosh 他により *A Linguistic Atlas of Late Medieval English 1350–1450* (Aberdeen University Press) が出版されている。初期中英語に関しては Web 上で公開されている。*A Linguistic Atlas of Early Middle English* (LAEME), (http:// www.lel.ed.ac.uk/ihd/laeme1/laeme1.html).

(3) 韻律

(a) 脚韻と頭韻

音節を頭子音 (onset) と続く母音（＋子音）である韻 (rhyme) に分けた場合。頭子音が同じであるものを頭韻、韻とそれに続く音が同じである物を脚韻という。例えば早口言葉 Peter Piper picked a peck of pickled peppers.（「笛吹きピーターは 1 ペック（単位）の酢漬けの胡椒をつまんだ」）は頭子音 /p/ の頭韻であり、諺 A friend in need is a friend in deed.（「まさかの友こそ真の友」）は NEED と DEED の韻の部分 /i:d/ で脚韻している。

ある時代に韻を踏んでいなかった単語が、次の時代に踏むようになれば、それはその二つの音が同じ音に変化したことを示し、逆にそれまで韻を踏んでいたものが次の時代に踏まなくなれば、異なる音に変化したことを示す証拠となる。もちろん、韻律は正確でない場合もある。しかし、古い時代の韻文は数百行から数千行に及ぶこともあり単一作品内または方言内で実例を多数収集することができる。統計的にどれだけ正確か検証可能

4.1. 脚韻を中心とした古音推定法

であることも韻律が重要な手掛かりであるもう一つの理由である。

脚韻から推定していく方法としては

①それぞれの単語の特定：動詞の場合は時制や人称まで特定する。名詞の場合も数や格まで特定する。

②それぞれの単語の語源の特定をする。

③語源がおなじ単語がどのような語と脚韻しているかをしらべ、脚韻音を推定する。

語源が同じ単語同士の脚韻の場合はたとえ変化していたとしても同じように発達し、同じ音で韻を踏んでいるセルフライムと見なされ、同音の証拠とはなるが、変化の証拠とはならない。変化の証拠となる脚韻はその内の一つが変化しなかった母音を含んでいる場合のみである。

セルフライムの例：CUT <kytten>: HIT <hyttan> (KA 2396)

CUT v <OE *cyttan; HIT <OE hyttan, KA では CUT と HIT は語源が同じで同じ音で脚韻はしているが、これだけではどのような音で脚韻しているかを推定することはできない。（* は実際の文献にあらわれない推定形であることを示す。）

変化したもの同士が脚韻している例：BEAT v inf <OE bēatan <to-bete>: LET v inf < OE lǣtan <lete>, (KA 1813)、BEAT の語源 /æ:a/ も LET の語源 /æ:/ も ME で /e:/ または /ɛ:/ に変化しどちらに変化するかは一定しないため、この二つの脚韻語は「同じ音で脚韻していた」という以上の推定はできない。

決定的な推定が出来る例：SLEEP n<OE slǣp, slāp, slēp, <slepe>: KEEP v <OE cēpan, <kepe> (KA 322)、OE で三種の方言の変異形を示す SLEEP の母音は ME で /e:/ または /ɛ:/ 等にかわる , しかし、KEEP の母音 OE /e:/ は ME まで変化しない安定した母音であるため、SLEEP の母音はここでは /e:/ で脚韻しているという証拠になる。

一語で二音の発音を示す例：KA に置いて OE ǣ2 を語源とする LESS は /a:/ と /e(:)/ 二つの発音を示す。/a:/ の証拠となるのは OF /a(:)/ を語源とし前舌低母音 /a(:)/ として ME の音体系に組み込まれた音を含む単語 CASE, FACE, PACE との脚韻であり、もうひとつは OE /i, e, y/（方言による変異形）を語源とし、ME で /e/ または /i/ に変化した NATHELESS ('nevertheless') の -LESS との脚韻である。こちらは、/e/ または /e:/ 音で脚韻していると考えられる。

　このように、一つ一つの脚韻の音を推定すれば以上の他、①開音節にある母音が長母音と脚韻しているかどうかにより開音節の長化の有無、②その長母音の音価を調べることにより、長化に伴う下げの有無、(開音節長化に関し、非高舌母音の長化は下げを伴うものと伴わないものがあるが、チョーサー、KA とも両方の発達形を示す。) ③また、語末の弱音節が脚韻にかかわっているかどうかを調べることにより、語末音の消失の有無を推定することができる。

　なお、シェイクスピアの作品に多くあらわれる地口 (pun、「だじゃれ」「語呂合わせ」) がある。この場合は音節数、アクセント型、調音方法などの一部の類似はみられるが、完全な一致が必ずしも求められていないため正確な推定をすることは難しい。

(b) リズム

　リズムは単語のアクセント及び、当該の音節が発音されていたかどうかを知るてがかりとなる。英詩のリズムには弱強格 (Iambic)・強弱格 (Trochaic) があるが、強のリズムのところにある音節には第一、または第二強勢があると考えられ、弱のリズムのところにある語末音節は語末の -e が消失していないことを示す。

(4) 正音学的証拠

　16 世紀ごろから、正しい発音と綴り字を指導する正音学者 (orthoepist) が出現し、「大母音推移」等の音変化により一致しなくなった綴り字と発音について、「正しい」発音と綴り字とはどうあるべきかを議論の中心にして説明した。これは、この時期の音の推定の最も直接的な資料となる。

(5) 地名・方言研究他

　日本語でも同様であるが、地名や方言には古い発音を残している場合があり、また標準語との比較研究によっても発音の変遷の手掛かりになる場合もある。この他、14 世紀のロンドンのように人口の移動が激しい場合は、名字からの出身地の特定や移民の記録などの情報も重要な資料となる。

4.1.4.4. 資料の整理法

　以上のようにして、古い時代の脚韻を調べていくと、上記のような語源が同じ音の発達形にゆれがあり、一つの単語が複数の発音を示している脚韻例を多数拾うことができる。これは、現代英語においても、それぞれの単語に「古い発音」・「方言の発音」・「新しい発音」が見られるのと同じである。14 世紀の Chaucer や KA に関して言えば、当時の国際都市ロンドンにおける多様な言語状況を反映した結果であると考えられる。

　このような、複数の発達形の存在は、語彙的拡散 (lexical diffusion) という観点から説明が付く。音変化は同じ環境であるならば、機械的に変化するとした新文法学者たちの意見に対し、方言学者やフィロロジストたちは「それぞれの単語にはそれぞれの歴史がある」と反論した。実際 KA の分析でも一つ一つの単語は、同じ語源でも長化したりしなかったり、下げがあったりなかったり等様々な発達形を示している。語彙的拡散は、音変化はそれぞれの個人の使う単語に現れ、変化を受けた語彙の数が、最初は散発的に現れ、ある時期に急激に増え、最後に安定した発音になるというＳ字カーブを描き増えていくことによって変化が進行するとして、観察される多種の発達形の存在を説明する。これにより、変化の途中では語源を同じくするものでも様々な発達形が存在するのは当然のこととなり、また同じ単語でも変化を受け入れた発音とそうでない発音が共存するのもうまく説明が付く。

　しかし、こういった現実のデータはどこまでを「正しいもの」とするのか、結果として出てきたデータを煩雑なものにする少数の例外的なものをどうするかという問題が残る。けれども、最終的な目的である「なぜ変わったのか」を知るには「何が」「どのように変わったか」を示す、正確で広範囲にわたるデータを土台に置くことが大切である。その上で、音変化の法則は作られなければならない。そして、音変化は化学反応ではないのであるから、例外や説明のつかないデータも切り捨てず、煩雑にみえても、きっちり例外は例外として示しておくことが大切である。それは単なる例外かも知れないし、新しい変化の前触れや言語接触の証拠であるかもしれない。全ての推定結果を当時の言語状況の一端をしめす現実の資料として取り扱うのが古音推定をする際の基本的態度である。

4.1.5. 結び

　古音の推定およびその分析は、外国人学習者として我々が学ぶ標準英語がどのように成立したかという背景を知る興味深い作業である。そして、古い時代の変化の理由を説明する場合には、秩序だった多種混合を説明する社会言語学的な方法が不可欠であり、それを一つ一つひも解いてゆくことにより、現代英語の社会言語学的研究にも新たなそして奥深い光をあてていくものとなる。

参考文献

Campbell, A. (1959) *Old English Grammar*. Oxford: Clarendon Press.
Hall, John Richard Clark (1960[4]) *A Concise Anglo-Saxon Dictionary: Fourth Edition*. Toronto: University of Toronto Press.
Ikegami, Masa. (1984) *Rhyme and Pronunciation: Some Studies of English Rhymes from King Alisaunder to Skelton*. Tokyo: Hogaku-Kenkyukai, Keio University.
—— (1999) "The Ashomle Sir Ferumbras (c. 1380) and Final -E." *Studies in Medieval English Language and Literature* 14, 51–75. 日本中世英文学会.
Labov, William (1981) "Resolving the Neogrammarian Controversy" *Language* 57:2, 267–308.
Matsuzawa, Eri. (2001) "Rhyme Words from OE and ON y, y: of *Kyng Alisaunder*." 『研究報告書』38: 14–21. 大阪私立短期大学協会.
—— (2004) "Vowels in Open Syllables in *Kyng Alisaunder*'s Rhyme Words. In 多ケ谷有子、菅野正彦 (eds.)『ことばと文学：池上昌教授記念論文集』(pp. 25–43) 東京：英宝社.
—— (2010) "The Reflexes /a:/ and /e:/ from OE /æ:/ in *Kyng Alisaunder*'s Rhyme Words." Yasuhiko Kato and Yumiko Takahashi (eds.) *Sophia Linguistica* 57: 299–317. Tokyo: The Graduate School of Languages and Linguistics, Linguistic Institute for International Communication, Sophia University.
—— (2011)「キング・アリサンダー——日本語訳と脚韻語 (12)」『大阪芸術大学短期大学部紀要』35, 33–46. 大阪芸術大学短期大学部.
Middle English Dictionary on Line: http://quod.lib.umich.edu/m/med/.
中島文雄 (1979[2])『英語発達史』東京：研究社.

4.1. 脚韻を中心とした古音推定法

中尾俊夫 (1979)『英語発達史』東京：篠崎書林.
―― (1983)『英語学体系 II：音韻史』東京：大修館書店.
Onions, C T. (ed.) (1978²) *The Oxford Dictionary of English Etymology*. Oxford: Clarendon.
Poussa, Patricia. (1982) "The Evolution of Early Standard English: The Creolization Hypothesis." *Studia Anglica Posnaniensia* XIV, 69–85.
Smith, Jeremy J. (2007) *Sound Change and the History of English*. Oxford University Press.
Smithers, Geoffrey Victor (ed.) (1952, 1961²) *Kyng Alisaunder*. E.E.T.S. o.s. 227. London: Oxford University Press.
The Oxford English Dictionary on Compact Disc. Version 2.0. (1999) Oxford University Press.
Weinreich, Uriel, William Labov, and Marvin Herzog (1968) "Empirical Foundations for a theory of language change." In Lehmann and Malkiel (eds) *Directions for Historical Linguistics: a Symposium*. (pp. 95–195) Austin: University of Texas Press.
Wright, Joseph and Elizabeth Mary Wright. (1928², 1979) *An Elementary Middle English Grammar*. Oxford: Clarendon.

（松沢絵里）

4.2. 英語音声習得
―― 第二言語習得理論・コミュニケーション能力育成の観点から

4.2.1. はじめに

　大学で英語を指導している際に学生からよく質問されるのは、「先生、どのようにしたらアメリカ人のような発音ができるようになるのですか」である。また、学生同士の会話を聞いていると、「〜ちゃん発音が上手いね。どうしてそんなに発音が上手いの」とか「あの先生は英語が上手だよね。だって、発音がアメリカ人みたいだもの」など、『英語母語話者の音声習得＝英語が上手い』という図式があたかも成立しているように感じられる。

　そもそも「アメリカ人のような英語の発音」の習得が必要なのか、また、そうでない場合には、どの程度の英語音声習得が必要なのかについては、学生自身考えてないようである。

　本章では、英語音声習得に関して、私達日本人の音声習得目標とはどの程度が適切なのか、また、そのレベルに到達するためには、どのようなことを考慮し、どのような指導法・練習法があるのかについて第二言語習得理論・コミュニケーション能力育成の観点から述べることとする。

4.2.2. 音声習得目標に関する歴史的変容について

　英語音声習得に関して、初めに考慮する必要があるのは、どの程度までの習得を目指すかではなかろうか。そこで、ここでは、実際に英語音声指導に関してどのような指導法が提案され、どの程度の習得を目標としたかについて、Celce-Murcia ら (2010: 2–12) を参考に、音声習得目標に対してどのような見解があったのか紹介する。

　1800年代後半から1900年代前半に提案された代表的な指導法としては、(1) Direct Method（直接教授法）と (2) Naturalistic Methods（自然主義的

4.2. 英語音声習得——第二言語習得理論・コミュニケーション能力育成の観点から

な教授法）がある。両方の教授法に共通する前提としては、第二言語習得は基本的に母語習得と同様であるということである。つまり、音声指導に関しては、直感と摸倣が基本であり、子供が母語習得する際に繰り返し練習することで、母語の音声を完璧に習得するのと同じく、教師（あるいは録音されたモデル）の音声を摸倣することで、「完璧な」第二言語の音声習得が可能であると提案している。また、Naturalistic Methods では、母語習得と同様にたくさんの音声インプットを学習者に聴かせ、第二言語の音声システムの内在化を促し、実際に学習者が話し始めるころには、完璧に近い音声で話ができると提案している (Asher, 1977; Krashen and Terrel, 1983)。これらの教授法における音声習得レベルは「母語話者並み」の発音としている。しかしながら、実際には、学習者のほとんどが母語話者並みの発音の習得まで至らなかった。

1940 〜 1950 年代では、学習者が母語話者並みの音声習得ができなかったのは、指導方法に問題があると指摘され、調音音声学の観点から、音声指導を行うことが提案された。すなわち、音声指導の際に発音器官図や発音記号など聴覚情報以外の視覚情報を駆使した指導法である。代表的な指導法としては (1) Audiolingualism（口頭教授法）と (2) Oral Approach（口頭導入教授法）である。両教授法では、視覚情報の提供以外にも、sheep/ship などの Minimal Pair（最小対立語）を活用したドリル練習に重点を置いた音声指導がなされた。残念ながら、これらの教授法で指導しても学習者のほとんどが、母語話者並みの音声習得には至らなかった。

これらの結果を踏まえて、1960 年代では、母語話者並みの発音習得は非現実的な目標と見なされ、音声指導は軽視され、文法や語彙習得に焦点を当てた Cognitive Approach（認知教授法）が提案された (Chomsky, 1957, 1965; Neisser, 1967)。

1970 年代になると、音声指導の重要性が再確認され、二つの異なった教授法 (1) Silent Way と (2) Community Language Learning (CLL) が提案された。まず、Silent Way に関して述べると、母語話者並みの音声習得が目標であり、その目標達成に関しての指導法が従来とは大きく異なる。この教授法では、指導者はほとんど発話せず、様々なジェスチャーや色分けされた母音・子音図などを駆使しての指導法である。それに対し、Community

Language Learning では、学習者自身が学習内容、到達度などを決めることができる学習者中心の指導法である。例えば、指導者は、机に座った学習者に発音に関してどのような内容を学習したいのかを学習者の母語で発言させて、その内容を英語で指導者が学習者の言える長さで分けて発音させ、全ての発話が言えるようになった時点でテープレコーダーに学習者の発音を録音する。その後の練習回数や到達度は学習者が決め、それに従って指導者は指導する。よって、発音の目標到達度は、個々の学習者が決定することとなる。残念ながら、前述した教授法と同様に目標とされた母語話者並みの音声習得も、CLL 形式の指導法も、その後の音声習得指導法として脚光を浴びるまでには至らなかった。

そこで、1980 年代から現在に至るまで幅広い支持を受けることとなった指導法が Communicative Language Teaching である。この指導法は、1970 年代までに提案された教授法・指導法と大きく異なり、音声習得の到達レベルは母語話者並みの発音ではなく、「通じるレベル」の発音習得であるとした点である。従来の「母語話者並み」の発音音習得目標は、あまりにも非現実的な目標であり、また、コミュニケーションを主体とした指導法という観点からも、発話の内容を重視し、音声に関してはコミュニケーションに支障をきたさないレベルの習得を目標にすることが最善であると提案された。よって、従来の個々の音の習得を中心とした指導法ではなく、ストレス・イントネーションといった超分節音素も重視し、談話レベルでの指導を提案している。

現在、様々な音声習得に関する理論が提案されているが、音声習得目標に関して述べると、「母語話者並み」の発音習得ではなく、「通じるレベル」までの発音習得が目標となっているのが現実である。よって、本章では、第二言語習得理論とコミュニケーション能力育成の観点から、発音習得目標は、実現可能な「通じるレベル」として、今後取り扱うこととする。

4.2.3. 第二言語習得理論からの主な指導・練習法

ここでは、「通じる英語音声」の習得をいかに可能にできるのか、また、その際練習するには、どのような方法があるのかについて述べる。第二言

4.2. 英語音声習得――第二言語習得理論・コミュニケーション能力育成の観点から

語習得理論の観点から、(1) インプット重視の指導法、(2) インタラクション重視の指導法、(3) アウトプット重視の指導法について具体的に説明を行う（村井、2006）。

(1) インプット重視の指導法

最初に考慮すべき点は、どの程度のインプットが不可欠かである。Krashen (1982, 1985) によると Comprehensible input（理解可能なインプット）、つまり、学習者が全体的な内容はほぼ理解できるが、まだ理解できない語彙、文法が含まれているインプットが重要であると述べている。しかしながら、

  (a) Why don't you writim (write him) a note?

の場合には、人称代名詞の語頭の 'h' が発音されずに、前の動詞と連結が起こった状態の発音である。また、アメリカ人などでは、さらに、't' の弾音化が起きる。このような発音を聞いたことがない学習者にとって、個々の単語の発音と実際の会話で使われる発音のギャップに気づき、理解し、内在化を図っていかなければ、何度繰り返し聞いても分からない。

学習者に気づきが起こるように指導する場合には、英語の音変化についての指導が不可欠となってくる。そして同様の例をいくつか聴かせて、理解へと導く必要がある。通じる音声習得を考えた場合には、発話の際には、それぞれの単語を別々に発音しても構わないが、コミュニケーションをする際には、相手が何を言っているのか理解できないといけないので、音変化の理解は円滑なコミュニケーションを行う場合に重要となってくる。また、学習者の興味・関心に関連があり、かつ、インプットが Authenticity（真正性）であることも動機づけ・コミュニケーション能力育成の観点から大切である（村井、2006）。

実際に活用できる教材としては、洋画が上記で述べた条件に適していると言える。学習者自身が好みの洋画を選択し、日常的な内容で、かつ、全体の意図が把握できる程度の内容の箇所を選び、字幕を見ながら実際の発音を聴き、学習者自身が想定している発音と実際の発音とのギャップに気

づき、理解し、内在化を図る。さらに、音変化だけではなく、他の英語音声の特徴、例えば、音調核の理解も話者の意図を的確に理解する上で重要になってくる。次の例を考えることとする。

(b) I went to the station.

は、「駅に行きました」と中学・高校では学ぶが、実際には音調核の位置を変えることで同じ発話でも違った意図を出すことができる。例えば、'I' に音調核がくる場合には、「他の誰でもなく、私が行った。」となり、'went' に音調核がくる場合には、「本当に駅に行ったよ」という意図を伝えることができる。このような概念は日本の英語教育では教えないのが現実であるが、相手の発話を的確に理解でき、また、自分の意図を的確に相手に伝えられるようになるためには、大切な概念となってくる。よって、インプットを学生に与える場合には、その前段として、インプットに含まれる英語音声の特徴を教えた後、文字原稿と音声の両方を与え、何度も繰り返し聞かせ、発音することが必要となる。村井 (2006) は、音読をリスニング活動に導入することの重要性を述べている。音読は、読解から発話への導入として活用可能であるからである。さらに、音読の際には、既習した音声の特徴にも配慮し音読を行うことで、英語母語話者の発音と学習者の発音の差を埋める作業にもなり、通じる英語の音声習得にもつながる。

(2) インタラクション重視の指導法
　インタラクションとは、相互作用、相互交流のことを指す (村井、2006)。従って、対話者間での意味交渉を行うことで、お互いの理解度をチェックしながら会話を継続することができる。また、意味交渉を行う活動を通じて第二言語習得を促進することが可能であるといった様々な研究報告もなされている (e.g. Long, 1983)。よって、インタラクション重視の指導法では、英語を使って意味交渉を行う作業の過程で、通じる発音の習得につなげることが可能となる。理想的には、英語母語話者とのインタラクションを定期的に継続することであるが、現実的、かつ、効果があると思われる方法は、学習者同士が英語でインタラクション活動を行うことではなかろうか。

4.2. 英語音声習得——第二言語習得理論・コミュニケーション能力育成の観点から

戸髙 (2005) は戸髙が担当する音声学演習のゼミ生による夏休み期間での英語学習でかなりの成果があったことを報告している。また、活動内容としては、インフォメーション・ギャップ・エクササイズ等が有効である。実際私たちは他者との会話で、お互いが持っている情報を相手に伝え、その情報内容に関して会話を行っている。実際の会話に近い学習活動としては、対話者間でそれぞれ異なった情報をもとに会話を行い、意図が的確に通じない場合には、言い換え、あるいは、言い直しなどの意味交渉を行う作業の過程で、通じる英語音声習得が可能となってくる。ただし、学習者間だけでのインタラクション活動では、どの程度発音が上達したか分かりにくいので、定期的に学習者が自己の発話を録音し、評価する作業が鍵となってくる。また、英語母語話者との会話の機会があるときには、現在の学習者の発音が実際に通じるのかの確認作業も必要となる。もしそのような機会が無い場合には、インプット重視の指導法で述べた洋画を活用した母語話者の発音と学習者の発音を録音し、母語話者の発音に近い発音になっているかを定期的に自己評価することで、通じる音声習得が可能になってくる。

(3) アウトプット重視の指導法

この指導法は、アウトプット仮説 (Swain, 2005) が基盤となっている。つまり、様々なインプットを学習者に与えれば英語発音習得を促すことができるという Naturalistic Methods, Direct Method では、実際に学習者の話す英語は十分ではないということである。理解可能なアウトプットを産出できるようにするためには、実際に学習者にアウトプットをさせ、自己の弱点を把握させ、理解可能なアウトプットへと修正を促すことが重要である。実際、Swain (1985) は、アウトプット活動が学習者の統語処理、文法の意識化、且つ、言語知識の自動化を促すと指摘している。また、理解可能なアウトプット産出が可能になるということは、通じる英語の習得につながる。有効な学習活動としては、理解可能なインプットを活用し、その内容を自分の言葉で説明させる方法である。実際に著者が英語の授業で活用しているのは、会話文や英語学習に関するやや長めの文等である。また、長い英文を自分の言葉で伝えるためには、要約する際の基となる骨子

の作成が重要な鍵を握る。よって、最初にその活動をさせるときには、どのようにしたら要約がしやすくなるのかについて指導し、それに沿って学習者が活動することで、発話力育成にもつながるのである。

(4) 第二言語習得理論の指導法を踏まえての効果的な指導・学習法
　上で述べた3つの指導法を勘案して、実際にどのような指導・学習法が適切であるのかについて言及することとする。通じる音声習得に必要な要素は (1) 豊富な理解可能なインプット、(2) アウトプット活動を通じて、実際に対話者にとって理解可能な発音であるかの検証、(3) 英語の主な音声の特徴の理解である。
　学習者がほぼ全体が把握できるレベルのインプットを活用し、その中で、学習者が想定している発音と実際の発音のギャップに気づくことがまず肝要である。そして、なぜそのようなギャップがあるのかを理解し、繰り返し練習し、内在化を図ることが必要となってくる。その際、練習した効果を評価するために学習者の発音とモデルとしている発音を録音し、比較する過程も上達の鍵となってくる。この作業を行わないと、どの程度実際にモデルの発音に近づいているのか評価ができない。これらのことを考慮すると、様々なインプットを活用し、(1) 気づき、(2) 理解、(3) 反復練習・評価、(4) 内在化の過程を踏まえての指導・学習法が効果的であるといえる。
　アウトプット活動に関しては、学習者が一人でテーマを決め、自己評価を行いながら練習することも有効といえる。学習者の中には対話練習が苦手な人も多く、その前段の活動として、学習者個人のペースで練習を行うことは、他者からのプレッシャーがない状態で練習が可能となるので、学習者の自信喚起に有効と言える。しかしながら、通じる英語音声が習得できたのかの確認作業は対話者との会話が必要となることは言うまでも無い。インタラクション重視の指導法でも述べたことであるが、対話者との意味交渉を行う作業は、実際どの程度自分の発話が理解可能なのか、また、自分の弱点はどこなのかを判断する上で不可欠となってくる。前述した通り、国内での学習環境を考慮すると、英会話学校などに通うなどの特別な場合を除き、英語母語話者と常に会話を行う機会は皆無に等しいの

4.2. 英語音声習得——第二言語習得理論・コミュニケーション能力育成の観点から

で、日本人同士での対話練習が現実的であり、また、有効であると言える。その際使用する言語資料としては、リスニング資料、対話文、長めの英文を活用した言い換え練習、とインフォメーション・ギャップ練習等が効果的である。

　ここで挙げた対話文、長めの英文もリスニング資料としても活用できる。全体が把握可能なリスニング資料を活用し、その内容を自分の言葉で言い換える練習をペアで行う。その際、それぞれの学習者は交互に発話を繰り返し、二人で聴いた内容をまとめる作業をする。その活動過程で、意味交渉作業を経て、繰り返し練習することで、発話力の育成にもなり、通じる英語音声習得に関しても、発音上達が必要な箇所の (1) 気づき、(2) 理解が期待できる。さらに、現実の会話状況に近い練習法としてのインフォメーション・ギャップ練習も必要不可欠である。ペアで互いに異なった情報を自分の言葉で相手に伝える活動は、先に述べた活動と違い、活動内容の共通認識がないので、難易度は高い。また、この活動では、学習者は発音よりも何を言うのかという内容に意識が集中するので、発音に関しては、日本語英語になりやすい。つまり、英語母語話者との会話の状況に類似している。よって、同じ活動内容を繰り返し練習させることで発話内容をある程度理解させ、学習者の焦点を内容から発音に移行させる学習活動が必要となる。

　インプットを活用した活動では、(1) 気づき、(2) 理解と移行する際に必要な知識が英語音声の主な特徴と言える。前にも述べたとおり、簡単な発話が理解できない理由の一つが、音変化に起因する。どのような音変化が英語では起こるのかという知識があれば、実際の発音と学習者の発音とのギャップを埋める作業で役に立つ。英語音声の特徴に関する著書はたくさん出版されているので、学習者のレベルに合った本を活用し、英語音声の特徴を理解しながら、ギャップを埋める作業を行えば、効果的といえる。

　インプット・アウトプット活動で述べた一連の活動を踏まえると、指導法・練習法に関して以下のようにまとめることができる。

［インプット受容］→［気づき］→［理解］→［反復練習・評価］→［アウトプット活動：個別・ペア］→［修正が必要な箇所の気づき・理解］

→ [反復練習・評価] → [内在化]

　発音が上達するにつれて、インプット活動とアウトプット活動を連動して行うことも可能である。通じる英語音声習得で大切なことは、現実の会話を想定したシミュレーションである。英語母語話者、あるいは、他の国の人と対話を行うときには、日本人学習者は「何と言えば良いのか」ということで頭が一杯になり、普段練習した英語の発音まで頭が働かず、日本語英語に逆戻りしてしまい、通じないというケースが多い。よって、そのような場合にも発音に関して意識しなくても通じるレベルが保てるような学習活動なしでは、通じる英語の音声習得には至らない。

4.2.4. コミュニケーション能力育成の観点からの主な指導・学習法

　ハイムズ (1972) が「コミュニケーション能力」という概念を発表して以来、様々な提案がなされてきた。例えば、カナルとスウェイン (1980) は、コミュニケーション能力は、文法的能力、社会言語学的能力、と方略的能力の3つから構成されるとする。文法的能力とは、語彙、形態論、統語論、音韻論の規則を含み、社会言語学的能力とは、社会文化的規則とディスコース規則から構成されている。また、方略的能力とは、コミュニケーションが円滑に行えない場合に活用できる言語・非言語コミュニケーション力のことである。

　その後、コミュニケーション能力に関して、テーラー (1988)、バックマン (1990)、セルセ・マーシアら (1995)、デイヴィドソン (2001a) などから様々な提案がなされてきたが、音声に関しては、文法的能力に包括されており、発音習得に関する言及は皆無に等しい。ただし、バックマンは、心身協調メカニズム (psychophysiological mechanisms) をコミュニケーション能力の構成要素として配置している（柳瀬、2006）。以下は、柳瀬 (2006：129) による心身協調メカニズムに関する訳である。

　言語使用に関与している心身協調メカニズムは、能力が実行される経路（聴覚、視覚）と様態（受容、産出）を特徴づけているものである。

4.2. 英語音声習得——第二言語習得理論・コミュニケーション能力育成の観点から

Psychophysiological mechanisms involved in language use characterize the channel (auditory, visual) and mode (receptive, productive) in which competence is implemented (Backman, 1990: 108)

言い換えるならば、内在する能力を実際にアウトプットするメカニズムの存在の重要性である。柳瀬は上記に列記した様々なコミュニケーション能力育成に関するモデルの長所・短所についてまとめ、それらを基に「最低限の第二言語コミュニケーション力」に関して、次のように提案している（柳瀬、2006: 293）。

認知環境
Cognitive environment

語用論的対応力	情意的要因	心身協調メカニズム
(Pragmatic capacity)	(Affective factors)	(Psychophysiological mechanisms)

　語用論的対応力とは、言語使用慣習（文法的慣習、機能的慣習、社会言語学的慣習など）と世界に関する信念を基に、文の理解・産出を行う力であり、心身協調メカニズムは、他者とのコミュニケーションを実際に行う際に必要な入力・出力器官と定義している。つまり、心身協調メカニズムとは、発音練習を主眼に置いた訓練をすることで、学習者が潜在的に持っている能力を十分に発揮できるようになるメカニズムであると柳瀬は説明している。また、情意的要因とは、動機付け (motivation) に関する要因である。

　柳瀬 (2006: 300–302) は、実際の音声指導に関しては、(1) フォニックスによる音と綴りの関係を指導することと、(2) 単語の読み上げ、書き取り練習などを挙げている。分節音素に焦点を当てた発音指導・練習法を提案していると言えよう。それに対し、戸高ら (2009、2010) は、第二言語理論、及び、日本人英語運用能力に関する多くの論文における提言を踏まえて、コミュニケーション能力育成に関して以下のように提案している。

　英語の聴解力育成に不可欠な要素には、
- 世事に関する広い知識・知見、

・音声の特徴の理解・知識
・まとまった内容の英語を聞いて瞬時に音声を認識し記憶する力
・ネイティブ・スピーカーの音声のインプット
・多様な地域的・社会的アクセント（訛り）に関する知識
・文字原稿による段階的学習
・多様な学習タスク
・文化的な背景、ないしは、異文化理解等である
英語の発話力育成に不可欠な要素としては、
・音読とシャドーイング
・繰り返し練習
・補償ストラテジー
・機能能力（例：依頼、要求、謝罪）
・状況に即した社会言語能力等がある。

　また、音声に関しては、英語のプロソディに焦点を当てた指導が重要である、と提案している。プロソディとは、話し言葉のアクセント、リズム、イントネーション、速度、ポーズの総称であり、文という大きなまとまりを英語らしく発音できるようになることが、英語運用能力育成には重要であるということである。

　Wells (2006:2) の報告によると、

> The problem is this: native speakers of English know that learners have difficulty with vowels and consonants. When interacting with someone who is not a native speaker of English, they make allowance for segmental errors, but they do no make allowance for errors of intonation. This is probably because they do not realize that intonation can be erroneous.
>
> （英語のネイティブ・スピーカーは、英語学習者の発音上の誤りについて、個々の音の誤りについては寛容であるが、イントネーションについての誤りは大目に見ない。）

　さらに、戸高らは、セルセ・マーシアら (2010) が指摘しているように、個々の音でも会話上頻度の高い音（例、弱母音）や日本人学習者にとって

4.2. 英語音声習得——第二言語習得理論・コミュニケーション能力育成の観点から

習得が困難な音（例、/l/, /r/）の指導も重要であると認識し、指導することの重要性を提案している。

コミュニケーション能力育成を視野に入れた英語発音習得の方法は、柳瀬が提案している個々の音の音読指導や戸髙らが提案しているプロソディに関する知識の提供とそれらを習得するための音読・シャドーイング指導等があると言える。

シャドーイングに関しては、様々な研究（例、Tamai, 1992）がなされており、その結果、シャドーイングは英語の発音・リスニング力・発話力育成に効果があることが判明した。

シャドーイングとは、本来の意味は、「尾行する」「あとをつける」であるが、英語学習に関しては、「聴こえてくる音声を、遅れないようにできるだけ即座に声に出して繰り返しながらついていくこと」である。従来は、同時通訳の訓練に入る前段階として行われていたが、この方法が授業で用いられることが多くなってきている。以下、基本的な練習法と目的について説明する。

- 学習者個人が好きな洋画を選ぶ（学習者に選択させることで、継続を促すことができる）。
- 洋画の中の日常的な会話の場面を選ぶ。その際、時間的長さの目安としては、30秒から1分程度の内容とする（実際に遭遇しうる場面の選択での学習を短い時間に限って練習させることで、表現力と学習者のモチベーションに配慮する）
- その場面の内容を日本語字幕で確認し、その中の登場する人物の人間関係や状況などについて考える（場面での会話の機能は何であるのか、また、対話者の関係や状況を考えさせることで、どのような相手にどのような状況下で話をする際に適した表現は何かを考えさせる）。
- 登場人物を一人選ぶ（実際の会話では、一人二役をすることはないので、現実に即した練習法を行う）。
- 再度同じ場面を今回は字幕を消して、英語でどのように表現しているのかを数回聴く（聴解力の育成）。
- 聴き取れなかった内容を英語字幕で確認し、再度字幕なしで聴く（英語音声の特徴の理解・語彙力・聴解力の育成）。

- 字幕を消し、自分で選んだ登場人物の発言を聴こえたとおりに忠実に再現する（発音習得）
- 上手く再現できなかった箇所をチェックし、スムーズに言えるまで繰り返す（発音習得・発話力育成）。
- 英語字幕を見ながら音読する。この際、どうしてそのように発話するのかを考えながら、何度も繰り返す（音声の特徴の理解・発話力育成）。
- 自分の音読を録音し、実際の発話と比較する（音声習得の自己評価）

　戸髙らが発案した指導法では、音声習得に関しては、(1) 英語音声の理解・知識、(2) 音読による英語音声の特徴の理解・習得、(3) シャドーイングによる英語音声の特徴の理解・習得が主体となっている。柳瀬 (2006) の提案している音読の重要性も戸髙らの提案した内容に含まれるので、コミュニケーション能力育成を目的とした英語音声習得に関しての指導法・練習法は、以下のようにまとめることができる。

　　［インプット受容：字幕活用］→［音声の特徴の理解］→［アウトプット活動：音読・シャドーイング］→［反復練習・自己評価］→［内在化］

　上記の流れは、第二言語習得理論からの音声習得の流れとほぼ同じである。つまり、第二言語習得理論では、

　　［インプット受容］→［気づき］→［理解］→［反復練習・評価］→［アウトプット活動：個別・ペア］→［修正が必要な箇所の気づき・理解］→［反復練習・評価］→［内在化］

となっているが、実際のアウトプット活動は、個別・ペアで対応可能であり、かつ、「気づき・理解」に関しても「音声の特徴の理解」と内容的に同一である。また、コミュニケーション育成の観点からは、英語母語話者との会話の際の発話速度にも対応できる力が必要となるので、第二言語習得理論とコミュニケーション育成の両方の視座からもインプットとアウトプットの両方が英語音声習得に重要であり、また、英語音声の特徴の理

4.2. 英語音声習得——第二言語習得理論・コミュニケーション能力育成の観点から

解・知識も不可決であると言える。

ここで問題となってくるのは、通じる英語音声習得に必要な要素は、分節音素なのか、超分節音素なのか、また、その両方の練習が必要なのかである。

本章では、対象学習者は、大学生として想定しているので、全ての音節要素を指導するのは時間的な制約もあり不可能である。ただし、前述した頻度の高い音や日本人学習者に共通する発音がしにくい音に関しての指導、あるいは、練習は可能である。また、超分節音素に関しては、発話全体の意図に関わるので、指導・練習が不可欠となる。これらの音声習得には、音声に関する基本的な説明がなされている教本を活用しながら、インプット、アウトプットの作業を通して、自己評価を定期的に行いながら継続することが肝要である。よって、本章で推薦する英語音声習得のための対象とする音声領域は、以下の通りである。

(1) 頻度の高い分節音素（例、弱母音）、
(2) 日本人学習者が良く間違う分節音素（例、/l/, /r/)、
(3) 長分節音素（ストレス、リズム、イントネーション）となる。

英語音声習得目標を、実現可能な「通じる英語」とし、指導・練習対象の音声領域は、(1) 頻度の高い分節音素（例、弱母音）、(2) 日本人学習者が良く間違う分節音素（例、/l/, /r/)、と (3) 長分節音素（ストレス、リズム、イントネーション）とした。次に問題となる事項は、どの程度の指導・練習が必要なのかである。

Shibata and Taniguchi (2011) は、日本人大学生を対象にプロソディ中心の指導を一学期間行い、その上達度に関して音響分析を行った。その結果、一学期間では、統計的に有意さが見られるほどの上達はなかったと報告している。それに対し、戸髙は、勤務先の大学の音声学演習に所属する学生を対象に、一学期間の英語音声習得に必要な講義と実習を行い、個々の学生に定期的に練習に関するアドバイスを与え、一年後にどの程度英語音声が上達したかを音響分析した結果、顕著な伸びが見られたと報告している。これらの実験結果を勘案すると、最低一年間の練習が必要となり、また、母語話者などとのコミュニケーション時に内容を考えて話しながら同時に習得した音声が無意識に出せるようになるためには、大学生活4年

間のスパンで練習を継続することが現実的である。よって、本章では、英語音声習得に掛かる時間は、以下のように設定する。
- 大学生活の4年間で習得できるようにする。

上記のことを考慮すると、自律学習の重要性が明白である。また、講義中での指導に関しても、
- 英語音声習得を目的とした指導ではなく、どのようなことに注意して練習すると「通じる英語」の習得にいたるのかについての学習方略的な講義が不可欠であると言える。

では、どのようなことに考慮すれば、学習者に高い動機づけ (motivation) ができるのかについて先行研究結果を踏まえながら考えることとする。

4.2.5. 高い動機づけ (motivation) を維持できるために必要な事項について

これまでの外国語学習における動機づけに関する研究は、大きく分けて3つに分類できる (廣森、2006)。(1) 動機づけの構造を取り上げた研究 (Dornyei, 1990)、(2) 動機づけと学習ストラテジー、学習不安、学習成果などとの関連を取り上げた研究 (Chen, 1999)、(3) 動機づけの発達や変化を取り上げた研究 (Gardner, 1985) である。これらの研究に基づき、"動機づけとは「目標に向かって行動を喚起し、それを支援するプロセス」(Pintrich & Schhunk, 2005: 5) であると考えられる (廣森、2006: 4)。"

外国語学習に関しての動機づけを高める要因としては、(1) 学習者自身の選択による目標設定の重要性（目標設定理論；Locke & Lathan, 1990)、(2) 学習者自身が努力の結果何らかの報酬を得られる（例、良い成績を取る）という期待とそれに対する価値の重要性 (Rheinberg, Vollmeyer, & Rollet, 2000)、(3) 人間の成長への性向や心理的欲求が、社会文化的な要因と相互作用しながらどのように発達、衰退するのかについての配慮の重要性（自己決定理論；Deci and Ryan, 2002) などの研究がなされている。

これらの研究を踏まえ、廣森は自己決定理論で提案された3つの学習動機づけが高まる前提条件として想定されている、(1) 自律性、(2) 有能性、(3) 関連性がどのような働きをしているのか、また、これら3つの欲求が

4.2. 英語音声習得――第二言語習得理論・コミュニケーション能力育成の観点から

満たされるような教育が動機づけを高めることができるのかについて研究した。自律性とは、自己学習に対して、学習者自身が学習行動を決定し、責任感を持ちたいという欲求であり、有能性とは、学習行動をやり遂げる自身や自己の能力を示す機会を持ちたいという欲求である。また、関連性とは、他者との友好的な連帯感を持ちたいとする欲求である（廣森、2006:6–7）。その結果、廣森は、自己決定理論における３つの心理的欲求は、英語学習者の動機づけに強く影響を与えている、また、学習者を段階的に適応的な動機づけへと導くための学習支援が重要であると指摘している。　これらを踏まえ廣森は、自律学習を促す上で重要な事柄は、(1) 英語の授業において、他者との活動を多く取り入れたグループワークの導入、(2) 共通した目標設定の下での学習者間の連帯感を生み出す工夫、(3) やればできるといった有能感を与える、(4) 学習者自身が学習方法を決められる、(5) 教員・学習者自身が、学習に関する動機づけや心理的欲求の程度を把握するなどである。(5) に関しては、あまり教員・学習者間でも理解されていない内容なので、ここでは、廣森 (2006:142) から英語学習における動機づけに関する尺度を参考までに紹介する。

英語学習における動機づけ尺度
内発的動機づけ
　英語は勉強するのは楽しいから。
　英語の勉強は興味をそそるから。
　英語の授業が楽しいから。
　英語の知識が増えるのは楽しいから。
　英語を勉強して新しい発見があると嬉しいから。
同一視的調整
　将来つかえるような英語の状態を身に付けたいから。
　自分にとって必要なことだから。
　英語を身に付けることは重要だと思うから。
　外国語を少なくてもひとつは話せるようになりたいから。
　自分の成長にとって役立つと思うから。

取り入れ的調整
　教師に自分は良い生徒だと思われたいから。
　英語を勉強しておかないと、あとで後悔すると思うから。
　英語で会話ができないと、なんとなく格好がよくないから。
　英語を勉強しなければ、気まずいと思うから。
　英語くらいできるのは、普通だと思うから

外的調整
　よい成績を取りたいと思うから。
　英語を勉強するのは、決まりのようなものだから。
　周りの大人にうるさく言われるから。
　英検などの視覚を取りたいから。
　英語を勉強しなければならない社会だから。

無動機
　授業から何をえているのか、よくわからない。
　英語は勉強しても、成果が上がらないような気がする。
　英語を勉強する理由を分かろうとは思わない。
　英語の何を勉強しているのか、よくわからない。
　時間を無駄にしているような気がする。

　動機の高い学習者には、自律性の欲求を満たす働きかけが重要であると示唆している（廣森 (2006: 114–115)。これらに加えて、Dornyei and Csizer (1998) では、教師自身が自から見本を示し、また、タスクを適切に提供する重要性についても言及している。戸髙ら (2009, 2010) では、これらの先行研究結果と日本人大学生の学習形態を踏まえ、自律学習に必要な要素として、(1) メタ認知能力（学習計画、自己評価・点検）と (2) 具体的な将来像の確立の設定が重要であると報告している。すなわち、ただ漠然と英語が話せる、あるいは、英語音声習得がしたいという願望ではなく、具体的な目標設定とその学習経過の自己点検・評価が、今後の学習への継続への重要な役割を果たしているということである。よって、戸髙ら (2009, 2010) は、学習計画表を作成し、学習者自身に (1) 現在・半年後・将来の目標の設定（TOEIC などの点数）、(2) 学習計画（どのように目標をクリアするかについての具体的な学習法の記入）、(3) 自己評価（定期

的に録音し、評価を行う)、(4) 具体的な将来像の確立（できるだけ具体的にどの程度まで英語を習得したいのかを記入）について一学期間を通じて考えさせ、作成させている。

　これらの研究成果を踏まえると、指導の観点からは、(1) 他者との連帯感を重視したグループ活動の導入、(2) 自律性を促す働きかけを行う、(3) 学習タスクの意図を明示し、学習者に有能感が得られるような活動の進め方、(4) メタ認知能力の重要性の理解を図る、(5) 具体的な将来像の確立の重要性を理解させる、(6) 多彩な学習方法を提示し学習者が選択できるように配慮する、などを考慮した指導が必要であるといえる。また、学習者の観点からは、(1) 学習目的の理解と明確化、(2) 自己の興味に合った学習法の確立、(3) 定期的な自己評価・点検が重要となる。さらに、Shibata and Taniguchi (2011) の研究結果を勘案すると、英語音声習得に関しては、「通じる英語」音声習得にはかなりの時間が要するので、動機づけ・自律学習の重要性についても同時に理解させる授業が英語音声習得につながるといえる。

　以下、動機づけの観点から英語音声習得について簡単にまとめることとする。

動機づけ
- 連帯感を促す：グループ活動
- 有能感を体感させる：学習タスクの意図の明示
- 自律性の重要性：音声習得は時間がかかる
- 継続ができるコツを教示：メタ認知能力・具体的な将来像の確立・自己評価／点検・個々の学生が興味あるものを題材とした学習法の奨励（洋画、洋楽、TV ドラマ、YouTube 等）

4.2.6. まとめ

　本章では、英語音声習得に関して第二言語習得理論とコミュニケーション能力育成の観点から、(1) 到達目標、(2) 学習期間 (3) 指導法・学習法、(4) 動機づけの必要性について述べてきた。それぞれのセクションで記述した内容についてまとめることとする。

到達目標：
　実現可能な「通じる英語音声習得」が望ましい。もちろん、その過程で、「英語母語話者並みの発音」に到達できたならば、素晴らしいことではあるが、コミュニケーション能力育成の観点と現在の様々な英語が混在する世界で、どの英語の発音が一番良いという発想そのものをなくしていかなくてはならない。事実、近年では、「英語優越主義」(「英語帝国主義」)に関する言及も多くなされ、母語話者による英語使用を崇拝するような教育の見直しがなされている。よって、コミュニケーションの際に支障の無い英語音声の習得が実現可能な目標であり、また、日本人大学生が目指す目標であると言える。

練習期間：
　最低1年間の練習が必要である。また、本章では個人差の要素（例、Brown, 2007）については言及していないが、実際のコミュニケーション時に目標とした発音が自然とできるようになるには、4年間のスパンでの計画を通じての練習が必要であろう。

指導・練習対象：
　分節音素に関しては、頻度の高い音（例、弱母音、/i/ と /i/ の区別）と日本人学習者が苦手とする音 (/l/, /r/) の指導・練習が必要である。また、超分節音素は「通じる英語」習得には特に重要となるので、指導・練習が不可欠である。

指導方法：
　指導に関しては、英語音声習得を目的とした指導ではなく、どのようなことに注意して練習すると「通じる英語」の習得にいたるのかについての学習方略的な講義を行い、講義終了後から、学習者が自律学習できるように予め講義目標を設定する必要がある。実際の講義では、インプット（レベルに合わせた内容、あるいは、洋画などの字幕を活用）、インタラクション（ペア、グループ）、アウトプット（音読、シャドーイング、自己評価・点検等）活動と共に英語音声の特徴についての説明も不可欠となる。
　また、学習動機の明確化・自律学習の重要性についても授業期間中に理解と定着を図り、学期終了後に学習者が自律した学習継続ができるような工夫が必要である。

4.2. 英語音声習得——第二言語習得理論・コミュニケーション能力育成の観点から

　本章では、第二言語習得理論とコミュニケーション能力育成の観点から英語音声習得に関して述べてきた。単に英語音声習得といっても様々な配慮が必要であることが理解してもらえたのではなかろうか。本章で記述した内容で英語音声習得全てを網羅できたとは言えないが、ここで記述した事項が大学での今後の英語音声指導や大学生個人の英語音声習得に活かされ、一人でも多くの学習者が自信を持って様々な国の人々とコミュニケーションできるようになることを応援したい。

参考文献

Asher, J. J. (1977). "Developing natural and confident speech: Drama techniques in the pronunciation classroom". In The teaching of pronunciation: An introduction for teachers of English as a second language. TESL Talk, 17(1), 153–159.

Backman,L. F.(1990a) *Fundamental considerations in language testing.* Oxford: Oxford University Press.

Brown, H. D.(2007) *Principles of language learning and teaching,* (5th ed.). Person Education, Inc.

Canale, M. and Swain, M.(1980) Theoretical bases of communicative approaches to second language teaching and testing. *Applied Linguistics,* 1(1), 1–47.

Celce-Murcia, M.; Dornyei, Z.; & Thurrell, S.(1995) "Communicative competence: A pedagogically motivated model with content specifications". Issues in *Applied Linguistics,* 6(2), 5–35.

Celce Murcia, M; Bronton, D; and Goodwin, J. (2010) *Teaching pronunciation: A course book and reference guide* (2nd ed.). Cambridge: Cambridge University Press.

Chen, Y-L.(1999) *Motivation and language learning strategies in learning english as a foreign language.* Unpublished doctoral dissertation, Washington: University of Washington.

Chomsky, N. (1957) *Syntactic structures.* The Hague, The netherlands: Mouton.

―――. (1965) *Aspects of the theory of syntax.* Cambridge, MA: MIT Press.

Davidson, D. (2001a) A nice derangement of epitaphs. In A. P. Martinich (Ed.) *The philosophy of language,* 473–383. Oxford: Oxford University Press.

Deci, E. L. and Ryan, R. M. (2002) *Intrinsic motivation and seld-determination in human behavior.* New York: Plenum Press.

Dornyei, Z. (1990) "Conceptualizing motivation in foreign language learning". *Language Learning*, 40, 45–78.
Dornyei, Z. and Csizer, K. (1998) Ten commandments for motivating language learners: Results of an empirical study. *Language Teaching Research*, 2, 203–229.
Gardner, R. C. (1985) *Social psychology and second language learning: The role of attitudes and motivation*. London: Edward Arnold Publishers.
Hymes, D. (1972) "On communicative competence". In J. pride & J. Holmes (Eds.) *Sociolinguistics: Selected readinggs*, 269–293. Harmondsworth: Penguin.
廣森友人 (2006)『外国語学習者の動機づけを高める理論と実践』多賀出版
Krashen, S. (1982) *Principles and practice in second language acquisition*. Oxford: Pergamon.
Krashen, S. D. and and Terrel, T. D. (1983) *The natural approach*. Hayward, CA: Alemany Press.
——. (1985) *The input hypothesis: Issues and implications*. London: Longman.
Locke, E. & Latham, G. P. (1990) *A theory of good setting and task performance*. Englewood Cliffs, NJ: Prentice Hall.
Long, M. (1983) "Linguistic and conversational adjustments to non-native speakers". *Studies in Second Language Aquisition*, 5, 2, 177–193.
村野井仁 (2006)『第二言語習得研究から見た効果的な英語学習法・指導法』大修館書店
Neisser, U. (1967) *Cognitive psychology*. New York: Appleton-Century-Crofts.
Pintrich, O. R. & Schhunk, D. H. (2005) *Motivation in education: Theory, research and applications* (2nd ed.). Englewood Cliffs, NJ: Prentics Hall.
Rheinberg, F.; Vollmeyer, R.; & Rollet, W. (2000) Motivation and action in self-regulated learning. In M. Boekaerts, P. R. Pintrich & M. Zeidner (Eds.), *Handbook of self-regulation*, 503–529. San Diego, CA: Academic Press.
Swain, M. (2005) "The output hypothesis: Theory and research". In E. Hinkel (Ed.), *Handbook of research in second language teaching and learning*, 471–483.
Shibata, Y and Taniguchi, M. (2011) "Effect of connected-phenomena-and-prosody-centered exercises on the oral production of Japanese learners of English". *English Phonetics*, no. 14 & no. 15, 201–208.
Tamai, K. (1992) *The effect of "shadowing" on listening comprehension*. An unpublished MA project submitted to the School of International Training, Brattleboro, Vermont. 1992.
Taylor, D. S. (1988) "The meaning and use of the term 'competence' In linguistics and applied linguistics". *Applied Linguistics*, 9(2), 148–168.
Todaka, Y (2005) "A report on our summer intensive program in developing

English communication skills", *Proceedings of the 16th International congress of Phonetic Sciences* (Saarbruchen, Germany), pp. 1609–1612

戸髙裕一・御園和夫・伊達民和・谷口雅喜・都築正喜「英語教員を目指す学生の英語の発話と聴解力育成の教材・評価基準の構築 (part 3)」、(2010) *Proceedings of the 15th national conference of the English Phonetic Society of Japan*(大阪)、pp. 52–58.

戸髙裕一・御園和夫・伊達民和・谷口雅喜・都築正喜「英語教員を目指す学生の英語の発話と聴解力育成の教材・評価基準の構築 (part 2)」(2009)、*Proceedings of the 14th national conference of the English Phonetic Society of Japan*(函館)、pp. 43–48.

Wells, J. C. (2006) *English intonation*. Cambridge: Cambridge University Press.

柳瀬陽介 (2006)『第二言語コミュニケーション力に関する理論的考察』渓水社

山森光陽 (2004)「中学校1年生の4月における英語学習に対する意欲はどこまで持続するのか」『教育心理学研究』題2号、71-82頁

(戸髙裕一)

4.3. 英語辞典の音声表記

4.3.1. 英語辞典の発展

近年、学習用英語辞典の発展は、*Oxford Advanced Learner's Dictionary* (8th edition, 2010、以下 OALD8 と略記)、*Longman Dictionary Of Contemporary English* (5th edition, 2008、以下 LDOCE5 と略記)、*Collins COBUILD Advanced Dictionary* (6th edition, 2009、以下 CCAD6 と略記)、*Macmillan English Dictionary for Advanced Learners* (2nd edition, 2007、以下 MEDAL2 と略記) 等に見られるように、めざましいものがあり、その音声表記についても、LPD3 (*Longman Pronunciation Dictionary*, 3rd ed.) 及び EPD17 (*English Pronunciation Dictionary*, 17th ed.) における音声表記の進展に伴い、かなりの進歩が見られるようになった。

本稿では、上述の英米で出版された学習用英語辞典の発展を受けて日本で刊行された、『オーレックス英和辞典』(2008)、『ジーニアス英和辞典第4版』(2006)、『ルミナス英和辞典第2版』(2005)、『ウィズダム英和辞典第2版』(2007)、『プログレッシブ英和辞典第4版』(2003)、の5冊を中心として、英和辞典の音声表記について、分節音(発音)および超分節音(強勢：語強勢、句強勢、文強勢)の望ましい表記について考察する。

4.3.2. 分節音表記

4.3.2.1. 母音論
4.3.2.1.1. 高母音 /iː/, /i/, /ɪ/, /uː/, /u/, /ʊ/, /ɪər/, /ʊər/

/ɪ/ vs /iː/ の対立を導入した方式では、さらに LPD のように、happy /hǽpi/ の第2音節の母音 /i/ をさらに区別する必要がある。その結果、前高母音は、/ɪ/ vs /iː/ vs /i/ の 3 way contrast となる。同様に、後高母音においても、/uː/, vs /u/ (actual の第2音節の母音) vs /ʊ/ (あるいは /ʊ/) の 3 way contrast となる。また、二重母音についても、/ɪər/, /ʊər/ の二種類 (R 化母音 (Rhotacized Vowels) については後述する) が存在する。

4.3.2.1.2. 中母音 /e/, /ɔ/, /ɔː/, /eɪ/, /eə/, /ɪc/, /ɔə/, /oʊ/（英 /əʊ/）

英語の前中母音 /e/ は、概ね、基本母音 2./e/ と基本母音 3./ɛ/ の中間に位置するが、通例 /e/ で表記される。二重母音についても、/eɪ/, /eər/ および後中母音 /ɔ/ は、ほぼ基本母音 6./ɔ/ の位置にあるため、通例 /ɔ/ と表記される。またその位置の長母音も同記号と長音記号 /ː/ を用いて、/ɔː/ と表記するのが通例である。しかしながら、上述の高母音で見たように、厳密に音質の違いを忠実に示すならば、下記の Gimson (1962) 方式にするのが一貫性があるが、教育現場で基本母音 5. /ɒ/ の記号に馴染みがないため、通例、高母音の場合とは異なり、Jones (1960) 式が採用されている。

	/ɔ/ /ɔː/ vs /ɒ/ /ɔː/
Jones 式	lot /lɔt/ — law /lɔː/
Gimson 式	lot /lɒt/ — law /lɔː/

表1

二重母音についても、/ɪc/ /ɔə/ およびスタートの要素が基本母音 7. /o/ 付近で開始される /oʊ/（英 /əʊ/）については、基本母音 6./ɔ/ ではなく、基本母音 7./o/ を用いて、/oʊ/（英 /əʊ/）と表記される。さらに、/eɪ/, /eə/ については、Gimson 方式では、開始点の違いから、/eɪ/, /ɛə/ というように、基本母音 2. /e/ と基本母音 3. /ɛ/ を使い分けている（もちろん音声学的にはこれが正しいことは言うまでもない）が、これも教育現場では馴染みが薄いので、開始点として共に /e/ を用いる表記が一般的である。

中中舌母音は、Gimson 方式では /ə/ vs /ɜː/ と表記されるが、これは音質の違いでは無く、長短の相違であるため、日本の教育現場では馴染みの無い /ɜː/ の記号を避け、通例 /ə/ vs /əː/ が採用される。

4.3.2.1.3. 低母音 /æ//aɪ//aʊ/ /ɑ//ɑː//ɑːr//ʌ/

英語の低母音には、低前舌母音の /æ/ と低後舌母音 /ɑ/ の 2 種類に加えて第三の低母音：中舌母音 /ʌ/、の 3 種類が区別される。低中舌母音の正式な IPA 記号は /ɐ/ であるが、馴染みが薄いことと歴史的音韻変化でかつては（元々は綴りに示されるように）/ʊ/ の位置にあった音（その後基本

母音14./ʌ/の位置まで下がった)が、現在では低中舌母音となった(/ʊ/ ⇒ /ʌ/ ⇒ /ɐ/)ことを踏まえ、英語音声学では、現在の音価 /ɐ/ とはかなり離れた位置にある基本母音14. /ʌ/ を用いて表記されるのが通例である。

低中舌母音 /ɐ/ の位置から始まる二重母音 /aɪ/ と /aʊ/ は、便宜上その開始要素の記号として、基本母音4. /a/ を共に採用して、/aɪ/ と /aʊ/ と表記することが多い。

コラム I 長短から音質へ　/ɪ/ vs /iː/, /ʊ/ vs /uː/

Daniel Jones (1918) *An Outline of English Phonetics* 以来、長短の違いとし記述されてきた /i/ vs /iː/ と /u/ vs /uː/ の対立は、A. C. Gimson (1961) *An Introduction to the Pronunciation of English* の出版、それに続く *English Pronouncing Dictionary* 第14版 (1977) における Gimson による改訂で、長短ではなく音質の違いとして、異なる記号 /ɪ/ vs /iː/、/ʊ/ vs /uː/ を用いて記述されるようになった。しかしながら、一部の辞典 (『新英和大辞典』第5版 (1980)、『プロシード英和辞典』(1988) 等) を例外として、日本国内で発行されていた、いわゆる中辞典サイズの英和辞典においては、依然として Jones 式の /i/ vs /iː/、/u/ vs /uː/ が用いられていた。そのような状況の中、『レクシス英和辞典』(2003) では、Jones 方式から Gimson 方式への転換を図り、/ɪ/ vs /iː/、/ʊ/ vs /uː/ のみならず、二重母音の要素の表記においても、/eɪ/, /aɪ/, /ɔɪ/, /oʊ/, /aʊ/, /ɪə/, /ʊə/ 等、包括的に導入された。

『ジーニアス英和辞典』では第3版 (2001) まで (G1, G2, G3)、Jones 方式であったが、第4版 (2006) から Gimson 方式に改めている。『新グローバル英和辞典』では、第2版 (2001) まで Jones 方式であったが、その後継の『ウィズダム英和辞典』(2003) から Gimson 方式に改めている。『ルミナス英和辞典』初版 (2001) およびその後継の『ルミナス英和辞典』第2版 (2005) では Gimson 方式である。『プログレッシブ英和中辞典』第4版 (2003) では Jones 方式のままである。(注記:Gimson 方式の /ʊ/(上下逆さまのオメガ)は日本の英語教育会では馴染みがないため、英和辞典では通常 /ᴜ/(small cap U = 小さな大文字のユー)が用いられることを付記しておく。)

出典:長瀬 (2002)

4.3. 英語辞典の音声表記

母音の表記について、上述の議論を踏まえ、5種類の英和辞典を整理して見ると次のようになる。

V	オーレックス	ジーニアス	ウィズダム	プログレッシブ	ルミナス
[+High -Back]	/iː/, /i/ /ɪ/, /ɪər/	/iː/, /i/ /ɪ/, /ɪər/	/iː/, /i/ /ɪ/, /ɪər/	/iː/, /i/ /ɪər/	/iː/, /i/ /ɪ/, /ɪər/
[+High +Back]	/uː/, /u/ /ʊ/, /ʊər/	/uː/, /u/ /ʊ/, /ʊər/	/uː/, /u/ /ʊ/, /ʊər/	/uː/, /u/ /uər/	/uː/, /u/ /ʊ/, /ʊər/
[-High -Low -Back]	/e/ /eɪ/, /eər/	/e/ /eɪ/, /eər/	/e/ /eɪ/, /eər/	/e/ /ei/, /eər/	/e/ /eɪ/, /eər/
[-High -Low -Back -Front]	/ə/ /ər/ /ʌ/, /əː/ /əːr/ /əːr|ʌr/	/ə/ /ər/ /ʌ/, /əː/ /əːr/ /əːr|ʌr/	/ə/ /ər/ /ʌ/, /əː/ /əːr/ /əːr|ʌr/	/ə/ /ər/ /ʌ/, /əː/ /əːr/ /əːr|ʌr/	/ə/ /ɚ/ /ʌ/, /əː/ /ɚː/ /ɚːr|ʌr/
[-High -Low +Back]	/ɔ/ /ɔː/ /ɔɪ/ /ɔːr/ /oʊ/, /əʊ/	/ɔ/ /ɔː/ /ɔɪ/ /ɔːr/ /oʊ/, /əʊ/	/ɔ/ /ɔː/ /ɔɪ/ /ɔːr/ /oʊ/	/ɔ/ /ɔː/ /ɔi/ /ɔːr/ /oʊ/, /əʊ/	/ɔ/ /ɔː/ /ɔɪ/ /ɔːr/ /oʊ/, /əʊ/
[+Lowt -Back +Fron/]	/æ/ /aɪ/ /aʊ/	/æ/ /aɪ/ /aʊ/	/æ/ /aɪ/ /aʊ/	/æ/ /ai/ /au/	/æ/ /aɪ/ /aʊ/
[+Low +Back]	/ɑ/ /ɑː/ /ɑːr/	/ɑ/ /ɑː/ /ɑːr/	/ɑ/ /ɑː/ /ɑːr/	/ɑ/ /ɑː/ /ɑːr/	/ɑ/ /ɑː/ /ɑːɚ/

表 2

4.3.2.1.4. R 音化母音 (rhotacized V) の取り扱い：/ɚ/ vs /ər/
(a) 英米の学習者用辞典

合字（補助記号 diacritic 方式）/ɚ/ (IPA)（/ɹ̣/ Kenyon 方式あるいは旧 IPA 方式：Jones (1960) および IPA (1999) 参照）に対し、/ər/ という二字一音（digraph 方式）表記も広く行われてきた。英米で出版されている最

193

も代表的な 4 冊の英語学習辞典で米音を表記しているものを見ると、次のように表記されている。

OALD8 (2010)	/ər/—/ɜːr/
LDOCE5 (2008)	/ər/—/ɜːr/
MEDAL2 (2007)	/ər/—/ɜːr/
CCAD6 (2009)	/ə^r/—/ɜː^r/

表 3

4 冊全てで /ər/—/ɜːr/ の表記が採用されている。(CCAD6 は英音のみの表記であるため、考察からはずす。)

(b) 日本の学習者用辞典

次に、日本で出版されている中型の学習辞典の中から、上述の代表的なもの 5 冊を見てみる。

オーレックス	/ər/—/əːr/
ジーニアス 4	/ər/—/əːr/
ウィズダム 2	/ər/—/əːr/
プログレッシブ 4	/ər/—/əːr/
ルミナス	/ɚ/—/ɚː/

表 4

上で見るように、『ルミナス英和辞典』を例外として、/ər/—/əːr/ という表記が広く採用されていることがわかる。【註：竹林 滋編の研究社刊の英和辞典群は、精密表記（音声表記）として、Kenyon 方式の hooked schwa /ɚ/ を採用している（IPA の正式な記号は schwa に rhotic hook をつけた [ɚ] であるが、日本の英語辞典での慣例は、上述の Kenyon 方式の hooked schwa /ɚ/ である）が、精密表記（音声表記）を標榜しているにもかかわらず、音声表記 [ɚ] ではなく音素表記 /ɚ/ である点に疑問が残る。また、代表的な大辞典、『研究社新英和大辞典』および『ジーニアス英和大辞典』

4.3. 英語辞典の音声表記

は、ともに精密表記を目指して /ɚ/（角括弧 [ɚ] ではない点に注意）を採用している。】

(c) 音声表記 [　] (etic) か音素表記 /　/ (emic) か？

　それでは、辞書の発音表記は、音声表記なのか、それとも音素表記なのであろうか？　かつては辞書の発音表記には [　] が用いられ、音声表記と考えられていた。しかし、近年になって、ほとんどの辞書が /　/ を採用し、音素表記を採用している。ところが、詳細に見てみると、/t/ の弾音化、dark /l/, clear /l/ の区別等、異音表記をしているものも多く見られ、部分的には、学習者の便を考えた精密表記（音声表記）も用いられているというのが現状である。原則から言うと、/　/ を採用している以上、音素表記である（基本的には、Henry Sweet の言う、Broad Romic（簡易表記：音素表記））。ただし、学習者の注意を喚起するため、時折音声表記（Sweet の言う Narrow Romic（精密表記：音声表記））が用いられているものと考えられる。

　したがって、GA における R 音化母音の音声・音韻表示について再整理すると、次のようになる。

音素レベル (emic): /ər/—/əːr/ （精密 /ɜːr/）	音声レベル (etic): [ɚː]—[ɜː]
例：perhaps /pərhǽps/, 　　bird /bəːrd/, (/bɜːrd/)	例：perhaps [pɚhǽps], 　　bird [bɜːd]

表 5

　すなわち、学習辞典での表記は、音素表記であることを考えると、上記の /ər/—/əːr/ が原則的には妥当であることになる。学習上有用と思われる異音を表示するための精密表記（音声表記）は、補足的なものに限定し、体系上の混乱を避けることが望ましい。

(d) R 音化母音—同化から融合への過程
　　子音的 /r/ の母音化 (vocalization)

古英語期 (OE) から中英語期 (ME) を通じて、母音の後の /r/ は、様々な音価（調音方法：弾音（タップ、フラップ）、顫動音（トリル）、等、調音場所：舌尖、口蓋垂、等）を持ちながらも、依然として子音であった。初期近代英語期にはいる頃から、この音が弱化し、摩擦音を経て接近音 (approximant) と呼ばれる音へと変化していく。その結果、17世紀中葉には、/ə/ は後続の接近音化した /r/ と同化しR音を帯びるようになり（逆行同化）、やがて融合してR音化母音 /ɚ/（hooked schwa /ɚ/ で表される音）が生まれたと考えられている。

(e) R音化の程度

R音化には、/r/ に先行する母音の種類により、100％ R音化するものから、部分的に後半部分のみがR音化するものまで、様々なバリエーションが存在する。中舌母音 [ɚ] および [ɝː]（簡易表記では /ɚ/ および /ɚː/）の場合、完全R音化している。例：/bɚːd/ /bɚːd/。

また、Ladefoged (1999) によると、米音では /ɑːr/（例：park [pɑːk]）の場合も完全な /r/ 音化が見られ、融合同化 [ɑː] と考えられる。(IPA *Handbook* 中の Ladefoged の解説参照)

それに対して /ɔːr/ などの場合は、部分的な R音化（逆行同化により母音の後半部分がR音化する）が見られる。例：/bɔːʳd/。このように、R音化の程度により表記を変えるのは一貫性を欠くことになる。

R音化の程度	
完全	bird [bɚːd] ([bɚːd]), park [pɑːk]
部分的	board [bɔːʳd]

表6

Ladefoged の主張に従うと、park は完全R音化が起こっているので、補助記号方式を主張する人達は当然 [pɑːk] と表記するものと予想されるが、/ər/ を /ɚ/ と表記する辞書はあっても、これまで park を [pɑːk] と表記した辞書は見られない。このようなばらつきを避けるには、その程度にかかわらずR音化が起こる場合は、一貫して母音 + /r/ と表記することが最善

である。そうすれば、より合理的で一貫性を保つことができる。

(f) 音響音声学的な証拠

調音音声学的観点から見ると、R 音化は①反り舌 (retroflex) 母音、②もりあがり舌 (bunched) 母音、のどちらかで調音され、両者ともに、二重調音 (double articulation) として、喉頭化（pharyngealization= 舌根が喉頭壁に向かって後退 (RTR=Retracted Tongue Root) し、狭めを生じる）を伴う。調音的には異なるこの両者の発音は、ほぼ同じ聴覚的印象を与える。音響的に見ると、前述のように、R 音化は、喉頭化と似て、F3（第3フォルマント）の急激な低下として現れる（スペクトログラフ等の音響的証拠についての詳細は、長瀬 (2005, 2007) を参照のこと）。

以上のように、音響音声学的に見ても、R 音化は、分節音の開始時点周辺からそのほぼ半ば位まで、様々なバリエーションがあることがわかる。Ladfoged の指摘に従うと、[ɑː] も一音で示すべきということになる。しかし、現在この音に限っては、/ɑːr/ と表記するのが一般的であり、これは一貫性を欠く事になる。このことから、R 音化そのものの音声・音韻的な特徴付けは、母音 + /r/ という記述が妥当であることがわかる。

コラムⅡ　プロソディーとしての R 音性
(Rhoticity as a prosody)

R 音化は、分節的な現象というよりはむしろ、tone や nasality のような超分節的（プロソディー）現象と考えてもよい。すなわち、子音 /r/ の持つ R 音性 (rhoticity) は、当該音節全体に spread し R 音化 (rhotacization) を引き起こす、いわばプロソディーのような機能を果たす。（次の図を参照。）

$$\text{rhoticity spreading} \\ /\ b\ \partial ː\ r\ d\ /$$

次に、類似のプロソディー現象として知られている鼻音化との平行性を考えてみよう。例えば、can't /kænt/ 〜 /kæ̃t/ の例を見てみると、後続する鼻音 /n/ と同化、融合することにより、最終的には /kæ̃t/ という音

型が出てくる。しかし、完全融合だからといって、R 音化のように、辞書の発音表記で合字 [æ̃] が用いられた例はこれまでない。

　もうひとつよく知られている、二字一音 (digraph) 方式の例として、/hw/ の場合を見てみる。/hw/ も音声的には一音であるので、単一の発音記号 /ʍ/ で示すべきであろうが、これまで伝統的に二音で示されてきた。　以上の二点を R 音化と並べて再整理してみると、次のようになる。

音素表示 (emic)	音声表示 (etic)
/ər/	[ɚ]
/æn/	[æ̃]
/hw/	[ʍ]

上掲の表に見られるように、左側の列にある音素的 (emic / broad) 表示を選択することが、より合理的かつ体系的である。

出典：長瀬 (2005)

(g) 自然類 [＋流音] — /r/ と /l/ の平行性
① 自然類

　/r/ と /l/ は流音 [liquid] という自然類をなし、その音声的・音響的な特徴には共通するものが見られる。例えば、ロマンス語族において /r/ と /l/ が交替する例はよく知られている。

　また英語の音韻習得から例を挙げると、次のような例が報告されている。

　　rain 　→ /leːn/ 　　　red 　→ /led/ (or /red/ or /ded/)
　　really → /liːliː/ 　　 lorry → /lɔliː/

(N. V. Smith, 1973)

② 移行音 (glide)

　/r/ 音化母音の場合と同様 /l/ についても、先行母音との間に移行音 (glide) /ə/ が介在することが観察されている。そのため、J. C. Wells(1990) 等は、/ᵊl/ という表記を採用している (LPD)。

　　例：feel /fiːᵊl/ 　　　real /riːᵊl/ 　(LPD)

/r/ の場合にも同様の移行音が観察されている。

fear /fɪˀr/　　　　rear /rɪˀr/　（LPD)

このような、/l/ と /r/ の間に見られる並行関係を体系的に記述するには、fear /fɪɚ/ よりは /fɪər/（あるいは /fɪˀr/）の方がより妥当性があると言えよう。

③ R 音化と L 音化

次に、L 音化 (lambdacization)（あるいは /l/-vocalization）として知られている現象を考察する。

R 音化 (rhotacization) が /ər/ → /ɚ/ という具合に、先行する母音が /r/ の響きを持つようになるのに対し、L 音化 (lambdacization) は、暗い /l/（すなわち /ˀl/）が、/oˀ/, /ʊˀ/, /ɤˀ/ 或いは /ɯˀ/ のように母音化することを言う。例としては、fill が /fɪo/, /fɪɤ/ と発音されたり、field が /fiod/ と発音される。さらには Kilburn（ロンドンの地名）が Cuban と同音となること等がよく知られている。(J. C. Wells (1982))

すなわち、syllabic /l/ (/ˀl/) の実現形として、Lの母音化→ /o/ が起こるということである。他の例として、people /píipo/, juggle /ʤʌgo/ parcels /páːsoːz/ が報告されている。このような L 音化 (lambdacization) と R 音化 (rhotacization) のパラレルな関係を説明するには、補助記号 (diacritic) 方式 (/ɚ/) よりは、/ər/, /ˀr/, /əɫ/, /ˀl/, という、二字一音 (digraph) 方式のほうが優れている。

(h) 派生：形態論的動機付け

母音の後だけを見ていると、二字一音 (digraph) 方式と補助記号 (diacritic) 方式のどちらを選択するかは好みの問題かもしれない。しかし、派生形を考慮に入れると、問題は別である。すなわち、母音間にあらわれる R 音化母音をどう体系的表示するかということが問題となる．紙幅制限のため、+ing 形、+y 形、+er 形から一つずつ例を考察してみよう。

+ing 形	母音の後の /r/	母音間の /r/	母音の後の /r/	母音間の /r/
[ɚ]	stir	— stirring	enter	— entering

表 7

+y 形、+er 形の派生語尾も同様である。

+y 形	母音の後の /r/　母音間の /r/	+er 形	母音の後の /r/　母音間の /r/
[ɚː]	fur　—　furry	/eɚ/	bear　—　bearer

表 8

　これらの語の派生関係を明示的に示すには、二字一音 (digraph) 方式 /ər/ が優れている。例えば、stir—stirring の場合、/stər/—/stə́ːrɪŋ/ となり、形態論的な結びつきをそのまま反映しており機能的である。しかし、補助記号方式だと、/stɚː/—/stɚːɪŋ/ となり、学習者に間違った解釈（スターイングのような発音だと勘違いしてしまう）を与えてしまう危険がある。またそれを避けるために、/r/ 音を挿入する (/stɚː/—/stɚ́ːrɪŋ/) 等のアドホック (ad hoc) な処理をせざるを得なくなる。

(i) R 音化母音をどう表記するか？

　これまで見てきたように、R 音化母音を表記するのに用いられてきた、/ɚ/ (/ɚ/) の表記と /ər/ の表記を比較考察した結果、①音素表記である事、②部分 R 音化から完全 R 音化までの R 音化全体を説明する体系として、③音響音声学的証拠、④ /r/ と /l/ の平行性、⑤形態論的動機付け、以上の 5 つの理由により、R 音化母音の表記には、/ər/ の表記がより優れており、特に学習用英語辞典での使用に相応しいものであることが分かった。

4.3.2.1.5.　母音における英米差

　母音の英米差で辞書で表記すべきものは、以下の 4 点である。

	米音	英音	単語例
高後舌二重母音	oʊ	əʊ 解説のみ	go
中舌母音	əːr	ʌr	hurry
低後舌母音	ɑ(ː)	ɔ	hot
低母音	æ	ɑː	half

表 9

辞書に表記すべき英語母音を図にまとめると以下のようになる。

4.3. 英語辞典の音声表記

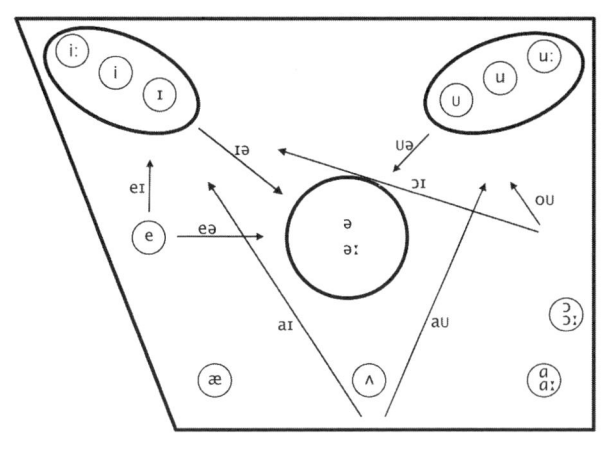

図 1

4.3.2.2. 子音論

子音については、調音点と調音法により、以下のように分類される。
(a) 閉鎖音：両唇 /p/, /b/　歯茎 /t/, /t̬/, /d/　軟口蓋 /k/, /g/
(b) 摩擦音：唇歯 /f/, /v/　舌歯 /θ/, /ð/　歯茎 /s/, /z/　後部歯茎 /ʃ/, /ʒ/
　　　　　　声門 /h/
(c) 破擦音：後部歯茎 /tʃ/, /dʒ/
(d) 鼻音：両唇 /m/　歯茎 /n/　軟口蓋 /ŋ/
(e) 流音：歯茎接近 /r/　歯茎側音 /l/
(f) 半母音：唇軟口蓋 /w/, /hw/ (/ʍ/)、硬口蓋 /j/

辞書間の記述の相違が見られる子音は多くないが、以下の子音には注意が必要である。

① 弾音化 /t̬/ = [ɾ]　　　better　　　　　　オーレックス、ルミナス ○
② 鼻弾音 /nt̬/ = [ɾ̃]　　twenty　　　　　　オーレックス ○、ジーニアス △
③ 無声の w /hw/ で簡易表記（/ʍ/ は使わない）white　　全て ○
④ 子音挿入 suggest /səgdʒést/, often /ɔ́(:)ftən/　　　　全て ○
⑤ 嵌入子音 strength /stréŋkθ/　　　　　　　　　　　　全て ○

その他の、/t/ /p/ 嵌入は、『オーレックス英和辞典』のみ適宜表記されている：tense /tenᵗs/, hamster /hǽmᵖstər/（発音解説）
以上、5種類の辞書の子音表記を表にまとめると次のようになる。

201

現代音声学・音韻論の視点

V	オーレックス	ジーニアス	ウィズダム	プログレッシブ	ルミナス
bilabial	/p/, /b/ /m/	/p/, /b/ /m/	/p/, /b/ /m/	/p/, /b/ /m/	/p/, /b/ /m/
labio-dental	/f/, /v/	/f/, /v/	/f/, /v/	/f/, /v/	/f/, /v/
dental	/θ/, /ð/	/θ/, /ð/	/θ/, /ð/	/θ/, /ð/	/θ/, /ð/
alveolar	/t/, /d/ /r/, /l/, /t̬/ 鼻弾音 /nt̬/	/t/, /d/ /r/, /l/ × 米略 /n/	/t/, /d/ /r/, /l/ × ×	/t/, /d/ /r/, /l/ × ×	/t/, /d/ /r/, /l/, /t̬/ ×
post-alveolar	/ʃ/, /ʒ/	/ʃ/, /ʒ/	/ʃ/, /ʒ/	/ʃ/, /ʒ/	/ʃ/, /ʒ/
palatal	/j/	/j/	/j/	/j/	/j/
velar	/k/, /g/	/k/, /g/	/k/, /g/	/k/, /g/	/k/, /g/
labio-velar	/w/	/w/	/w/	/w/	/w/
glottal	/h/	/h/	/h/	/h/	/h/
epenthetic C	/p/ (ham^{p}ster) /t/ (of*t*en) (ten^{t}se) /k/ (streng^{k}th) × /g/ (su^{g}gest)	× /t/ (of*t*en) × /k/ (streng^{k}th) × /g/ (su^{g}gest) 米：g 優先	× /t/ (of*t*en) × /k/ (streng^{k}th) × /g/ (su^{g}gest) 米：g 優先	× /t/ (of*t*en) 注意書 × /k/ (streng^{k}th) × /g/ (su^{g}gest)	× /t/ (of*t*en) × /k/ (streng^{k}th) × /g/ (su^{g}gest)

表10

4.3. 英語辞典の音声表記

辞書に表記すべき英語子音を図にまとめると以下のようになる。

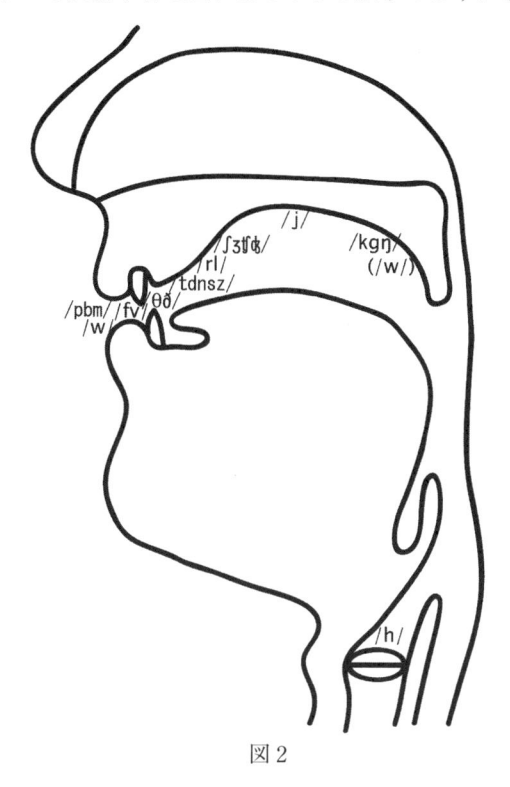

```
        /j/
   /ʃʒtʃdʒ/   /kgŋ/
   /rl/        (/w/)
        /tdnsz/
/pbm/ /fv/ /θð/
/w/

                    /h/
```

図 2

4.3.2. 超分節音（プロソディー：語強勢、句強勢、および文強勢）

超分節音について、学習用辞書が記述すべき項目は以下の通りである。
強勢
① 強勢の段階　第 1 強勢、第 2 強勢、無強勢の 3 段階表記

② 強勢移動　⇐ シフト　等のマークで、ストレスシフトを表す。

　　例：Jàpanése ⇐ シフト　Jàpanese　stúdent

③ 句強勢 vs 複合語強勢
以下の 4 通り
2 + 1（ ˋ ˊ ）　句強勢（核強勢規則）

名詞 + 名詞	Christmas pudding（下線は音調核の位置）
形容詞 + 名詞	white house, green bean
名詞 + 前置詞 + 名詞	a bird in the hands, a piece of cake
名詞 + 接続詞 + 名詞	cakes and ale
自動詞 + 副詞	get up
他動詞 + 目的語	

但し、目的語が代名詞のときは、Vt + pronoun (1+0)

他動詞 + 副詞	carry out
他動詞 … + 副詞	carry … out

目的語の位置に単語が明示されている時は

他動詞 + 副詞 + 目的語 (2 + 2 + 1)
他動詞 + 目的語 + 副詞 (2 + 2 + 1)　共に、末尾の要素に核が来る

1 + 2（´ `）複合語強勢規則

名詞 + 名詞	Christmas tree
形容詞 + 名詞	White House, green belt

1 + 無強勢（´　）

自動詞 + 前置詞　　　　look at, listen to
前置詞の目的語が明示されている時は come of age (2+0+1)

無強勢 + 1（　´）

be + 形容詞	is young
前置詞 + 名詞	in Japan

但し、前置詞の前に副詞がある時は

副詞 + 前置詞 + 名詞　2 + 0 + 1 (`　´)　up in the air

【註】複合語・句強勢における英米差（太字大文字は音調核を示す）

　　MObile home（米）vs.　mobile **HOME**（英）
　　CELL phone（米）vs.　mobile **PHONE**（英）

辞書での表記は、móbile hòme / 英 `　´/ とする。

④ 動詞 + 副詞の強勢型と目的語
　a) person, oneself 等の目的語が明示されていない時
　　　動詞 + 副詞　2 + 1 (`　´)
　b) person, oneself 等の目的語が明示されている時

動詞＋副詞＋ person 3 + 2 + 1 (` ` ´)
このような例では、動詞部分の第3強勢は第2強勢として表記する。したがって、例えば、目的語が明示されていない時は

　　kick out ~ (2 + 1 + ~), kick ~ out (2 + ~ + 1) となるが、

　目的語が明示されている時は kick out a person (3 + 2 + 1) となる。

⑤ (　) 内の要素の強勢

　括弧に入った要素がある時は、その要素があるものとして強勢パターンを表記する。但し、その括弧に入った要素が第1強勢を持つ場合、その要素がなければ、第1強勢の場所がわからなくなってしまう。それを避けるために、その左に来る義務的要素の第1強勢と、括弧に入った要素の2カ所に第一強勢を付与する。第1強勢を持つ括弧に入った要素がある場合は、左側の第1強勢は自動的に第2強勢に弱められるものとする。例えば、Pacífic (Stándard) Time とすることにより、Pacífic Stándard Time および Pacific Time の両方を表す。

⑥ イントネーション句 (IP) への分割（トーナリティ）

　文強勢および句強勢では、発話をいくつのイントネーション句 (IP) に分けるかによって、その記述は大きく異なる。例えば、He was born with a silver spoon in his mouth. は一つの IP として発話すれば He was bòrn with a silver spóon in his mòuth. となる。しかし、また複数の IP に分割することも可能である。できるだけ自然な発話になるようにトーナリティ（IPへの分割）を選択するのが望ましい。

以上、様々な辞書の考察に基づき、学習用英和辞典に於ける、分節音から超分節音に至る音声表記について提案を行った。

【註：本稿は、長瀬 (2002), (2005), Okamura and Nagase (2006), Nagase (2007) 等に基づき加筆修正のうえ、本書のため新たに書き下ろしたものである。従って、部分的に内容の重複があることをお断りするものである。】

参考文献

Gimson, A. C. (1962). *An Introduction to the Pronunciation of English*. London: Arnold.
IPA(1999). *Handbook of the International Phonetic Association*. Cambridge: Cambridge University Press.
Jones, Daniel (1960). *An Outline of English Phonetics* (9th ed.). London: Cambridge University Press.
片山嘉雄、長瀨慶來、上斗晶代 (1996)『英語音声学の基礎』東京:研究社.
長瀨慶來 (2002).「学習者用英和辞典に於ける音声表記への一提案――英音と米音の統一的表記を目指して」山梨医科大学紀要 第19巻、127–133.
長瀨慶來 (2005).「発音と強勢」、「発音解説」『レクシス英和辞典』. 東京:旺文社.
長瀨慶來 (2005) GAにおけるR音化母音の音声・音韻表示について (Phonetic and phonological representation of rhotacized vowels in GA). 『英語教育音声学と学際研究』日本英語音声学会中部支部創立10周年記念論文集. 日本英語音声学会中部支部.
Yoshiki Nagase (2007), *On Rotacized Vowels in GA: Phonetic and Phonological Representations*. 今石元久編『音声言語研究のパラダイム』. 大阪:和泉書院.
長瀨慶來 (2008)「発音解説」、『オーレックス英和辞典』. 東京:旺文社.
Yusuke Okamura and Yoshiki Nagase (2006), "ON THE TRANSCRIPTION OF POSTVOCALIC R IN GA: /ɚ/ VS /r/"『英語音声学』第9号・第10号. 愛知:日本英語音声学会.
Pullum, Geoffrey K. and Ladusaw, William A. (1987). *Phonetic Symbol Guide*. Chicago: University of Chicago Press.
Roach, Peter, Hartman, James, and Setter, Jane. (2006). *English Pronouncing Dictionary* (17th ed). Cambridge: Cambridge University Press.
Smith, Nielson V. (1973). *The Acquisition of Phonology—A Case Study*. Cambridge: Cambridge University Press.
Wells, J. C. (1982). *Accents of English* (3 vols.). Cambridge: Cambridge University Press.
Wells, J. C. (1990, 2000, 2008). *Longman Pronunciation Dictionary*. Harlow: Pearson Education Limited.

英和辞典

『ウィズダム英和辞典第2版』東京:三省堂、2007.
『オーレックス英和辞典』東京:旺文社、2008.
『ジーニアス英和辞典第4版』東京:大修館、2006.

『プログレッシブ英和辞典第4版』東京：小学館、2003.
『ルミナス英和辞典第2版』東京：研究社、2005.

英語辞典
Oxford Advanced Lerner's Dictionary, 8th edition, Oxford: Oxford University Press, 2010.
Longman Dictionary of Contemporary English, 5th edition, Harlow: Pearson Education, 2008.
Collins COBUILD Advanced Dictionary, 6th edition, Boston, MA: Heinle Cengage Learning, 2009.
Macmillan English Dictionary for Advanced Learners, 2nd edition, Oxford: Macmillan Education, 2007.

（長瀬慶來）

執筆者一覧

編集者
　西原　哲雄　（宮城教育大学　准教授）
　三浦　　弘　（専修大学　教授）
　都築　正喜　（愛知学院大学　教授）

執筆者（執筆順）
　南　　比佐夫　（帝塚山学院大学　教授）
　三浦　　弘　（専修大学　教授）
　小川　直義　（松山大学　教授）
　神谷　厚徳　（岩手県立大学短期大学部　准教授）
　伊関　敏之　（北見工業大学　教授）
　市崎　一章　（宮崎学園短期大学　准教授）
　西原　哲雄　（宮城教育大学　准教授）
　都築　正喜　（愛知学院大学　教授）
　中村　光宏　（日本大学　教授）
　伊達　民和　（プール学院大学　名誉教授）
　松沢　絵里　（大阪芸術大学短期大学部　教授）
　戸髙　裕一　（宮崎公立大学　教授）
　長瀬　慶来　（山梨大学教職大学院　教授）

現代音声学・音韻論の視点
（叢書 英語音声学シリーズ 第 6 巻）

2012 年 3 月 30 日　初版第 1 刷発行

編　者　　西原 哲雄　　三浦 弘
　　　　　都築 正喜
発行者　　福岡 靖雄
発行所　　株式会社 金 星 堂
（〒101–0051）東京都千代田区神田神保町 3-21
　　　　　Tel. (03)3263–3828（営業部）
　　　　　　　 (03)3263–3997（編集部）
　　　　　Fax (03)3263–0716
　　　　　http://www.kinsei–do.co.jp

編集担当：佐藤求太　　　Printed in Japan
編集協力：ほんのしろ
装丁：スタジオベゼル
表紙画：松尾絵美
印刷所：モリモト印刷／製本所：松島製本
落丁・乱丁本はお取り替えいたします

Copyright © 2012 西原哲雄・三浦弘・都築正喜
ISBN978-4-7647-1113-6